外国留学生手写汉字笔画错误提取的智能方法研究

白浩 著

本成果受北京语言大学院级项目资助（中央高校基本科研业务费专项资金）（22YJ010202）

线装书局

图书在版编目（CIP）数据

外国留学生手写汉字笔画错误提取的智能方法研究 /
白浩著 . -- 北京 : 线装书局，2022.12
ISBN 978-7-5120-4753-2

Ⅰ . ①外… Ⅱ . ①白… Ⅲ . ①汉字 – 错别字 – 辨别 –
对外汉语教学 – 教学研究 Ⅳ . ① H195.3

中国版本图书馆 CIP 数据核字 (2021) 第 215769 号

外国留学生手写汉字笔画错误提取的智能方法研究
WAIGUO LIUXUESHENG SHOUXIE HANZI BIHUA CUOWU TIQU DE
ZHINENG FANGFA YANJIU

作　　者：白　浩
责任编辑：李　媛
出版发行：綫裝書局
　　　　　地　　址：北京市丰台区方庄日月天地大厦 B 座 17 层（100078）
　　　　　电　　话：010-58077126（发行部）010-58076938（总编室）
　　　　　网　　址：www.zgxzsj.com
经　　销：新华书店
印　　制：天津中印联印务有限公司
开　　本：710mm×1000mm　1/16
印　　张：14.5
字　　数：141 千字
版　　次：2022 年 12 月第 1 版第 1 次印刷

线装书局官方微信

定　　价：69.00 元

前　言

外国留学生的手写汉字因其母语及汉语水平的影响，会出现多种类型的书写错误，这是汉语国际教育中汉字教学的难点之一。采用数码纸笔采集的外国留学生手写汉字含有笔画及其采样点的时间和空间等信息，从而可以有效地分析其书写过程，有利于提取各种书写错误。笔画错误是提取部件和整字错误的数据基础，它需要汉字识别和笔画匹配等处理过程，这些内容已有较多研究，但外国留学生手写汉字具有多样和更复杂的笔画错误。本研究识别具有笔画错误的汉字，匹配书写笔画与模板笔画，并提取多种笔画错误，将语言学与应用语言学、汉字构形学与信息科学中的模式识别、计算机图形学、人工智能等多个领域相结合。在此基础上可以进行有针对性的书写质量评价、改进指导等方面的研究，具有良好的发展前景。

本书围绕外国留学生手写汉字笔画错误提取的智能处理方法的重点和难点问题开展了研究工作，主要包括：

（1）作为识别、错误分析等后续工作的前提和基础，在手写汉字的分割技术中，重点讨论了单字提取方法。结合外国留学生的手写汉字特点，书中提出了一种基于多层次信息的单字提取方法，其中包括了递归分割方法和面向错误分类的分割方法，并给出了相应的自适应可视化表示及交互校正方法。

（2）手写汉字笔画匹配以参考的模板汉字为基准，通过汉字识别结果进行检索。留学生手写汉字存在多种错误，在样本有限的情况下，需要充分发掘汉字本身的书写信息和结构特征。因此，书中提出了一种基于书写层次信息的汉字识别方法。从书写笔画出发，根据其识别结果和部件结构分类，实现汉字识别。方法首先用中心线将汉字部件结构分为左右、上下和其他三类。然后根据部件结构分类，从字库中初步筛选出候选字；再使用隐马尔可夫模型及隐条件随机场识别汉字中每个笔画，根据书写时序信息组成笔画名称序列；最后根据笔画名称序列，对候选字进行最终的筛选，给出识别结果。

（3）笔画匹配是书写错误提取和书写质量评价的基础。留学生手写汉字笔画错误不仅体现在整个笔画上，例如拆笔、连笔、多笔、少笔、笔顺和笔向错误，还体现在笔画局部上，例如残笔和余笔。书中提出了基于遗传算法的笔画匹配方法。方法以模板笔画个数为基因进行整数编码，根据书写笔画个数确定染色体长度；根据书写笔画的结构特征构造适应度函数，采用精英算法的选择策略执行进化过程；在适应度函数均值平稳时，停止进化得到最优解。

（4）人机交互校正可以获取正确的实验对比数据，是验证所提方法有效性的必要步骤。而笔画匹配结果的可视化是人机交互的前提条件，有效的可视化方法可以减轻校正者的认知负担，提高工作效率。针对笔画匹配结果，提出了一种多感知层次的可视化方法。根据笔画匹配结果的特点及其包含的信息量，采用颜色、图形符号、数字序号等多感知层次相结合的方法进行可视化。同时，提出了一种针对笔画匹配结果的人机交互校正方法，使用标记列表的方法将数据进行处理，简化了校正过程。

（5）笔画错误的提取是汉字书写研究的重要步骤。留学生书写习惯和特点差异性大，使用规则的预设方法难以适用。因此，本书基于精确的笔画匹配结果提出了一种笔画错误的自适应提取方法。根据手写汉字笔画匹配后给出的标记列表，分层次地自适应提取书写笔画错误，包括全局错误以及局部错误。

为验证所提方法的有效性，本书采集了来自 14 个国家的外国留学生的手写汉字共计 19000 余份，涵盖 500 余种字形。对所提方法开发了原型系统，对汉字识别、笔画匹配、可视化与人机交互校正、笔画错误提取进行了实验，结果表明所提方法是有效的。根据学生的汉字学习过程，原型系统在真实教学场景中进行了跟踪实验，结果表明所提方法性能稳定。

目 录
CONTENTS

第一章　绪　论

1.1　选题背景

汉字是汉语书写用的文字，狭义指以正楷作为标准写法的汉字。因形状方正，汉字有"方块字"之称。从结构上来看，汉字字体规整，每个字占据几乎同样的空间。由表意象形字根如金、木、水、火、土等，像积木一样组合而成。汉字包括独体字和合体字[1]，独体字不能分割，合体字由部件组合构成，占汉字数量的 90% 以上。汉字的部件包括独体字、偏旁部首和其他不成字部件。汉字的合体结构有 12 种，分为：左右、上下、左中右、上中下、左上包、右上包、左三包、左下包、上三包、下三包、全包围和镶嵌结构[2]。

笔画是汉字的最小构成单位，指一次连续写成的线条。笔画分为横、竖、撇、捺、点、提等 31 个基本种类[3]。书写汉字时，笔画出现的先后顺序，即"笔顺"，是比较固定的，其基本规则是，先横后竖，先撇后捺，从上到下，从左到右，先外后内，先外后内再封口，先中间后两边。笔画的数目、形状、空间组合关系等因素构成了汉字形体区别特征，这是文字形体的一个基本属性[4]。

在汉语国际教育逐步推广的背景下，汉语教学往往把培养留学生①的交际能力放在首位，同时使其具备运用汉语进行听说读写的能力，其中的读和写会涉及汉字。从书写元素看，在组成常用汉字的笔画中，横、竖、撇、点、捺、提的使用频率为77.82%[5]，而书写元素的重复率、结构单位的相似度越高，结构方式的一致性越大，汉字形体所提供的区分度就越小，书写的错误率也就会越高[6]。所以，笔画的书写错误将直接导致部件乃至整字的错误。

对于留学生书写汉字最早采用纸笔的传统模式进行采集和记录，授课教师通过课上实时观察进行指导或课后收取纸质作业进行评判教学。然而，在传统的课堂教学中，教师即便积极观察，也很难全面了解到学生在课堂上的学习情况，尤其是汉字书写的具体情况，更难以对每个学生的汉字书写过程进行及时指导。不仅如此，在课后作业的评改中，传统纸笔的记录方式难以让教师直观了解学生汉字书写的动态过程，因而无法全面知晓学生在课后的汉字掌握情况。同时，通过教师在批改中批注给学生的反馈纠正，如汉字书写的示范，学生也无法去准确地了解笔画的书写顺序和特点，只能看到一个完成版的"画像"。

---

① 指外国留学生，即以汉语作为第二语言的学习者。

2

　　在将学生书写的汉字记录输入计算机的时候，早期研究者将纸版记录通过照相、扫描等方式转为数字图像文件，并保存在计算机中。后来，有学者使用摄像机对学生的书写过程进行实时拍摄，将形成的视频文件保存于计算机中。该方法可以较完整地记录学生的书写过程，但不足之处在于视频文件往往容量较大，不利于保存和传输。

　　数字墨水的出现，有效地解决了这些不足，它利用手写板、数码笔等笔式输入设备书写文字，书写轨迹通过定时采样输入计算机中。

　　近些年不少学者在汉字智能教学方面一直在不停探索[7-9]，开发出了一些可以应用于实际的汉字教学软件系统[10-14]。常见的练字系统通常采用的是汉字处理机制，即用户输入一个汉字，软件系统对用户输入的每一笔或对整字进行处理反馈。

　　随着数据采集设备的升级和大数据量处理的需要，数字墨水数据批量采集和处理分析的处理流程和练字系统有较大不同。因此，本书提出的汉字书写的分析系统总体来说，首先使用数据采集设备批量采集数字墨水数据后输入计算机系统，再对笔画数据进行单字分割和汉字识别提取出书写字，在模板库中检索出对应的模板字，再将书写字与模板字进行笔画匹配，进行人机交互校正后，根据匹配结果进行分析、检测书写错误，如图1所示。

　　对以西文为母语的留学生来说，尤其是初学者，对于汉字的结构特征和书写习惯不熟悉不了解，把汉字当作符号进行勾画，画出来的字千差万别，这属于系统前阶段的错误[15]。而汉字教学经常是重理据而轻字形，导致一些中高级阶段的留学生仍有很多书写错误，从而影响整体的汉语水平[6]。因此，对于书写错误的研究，尤其是笔画错误的研究很有必要。

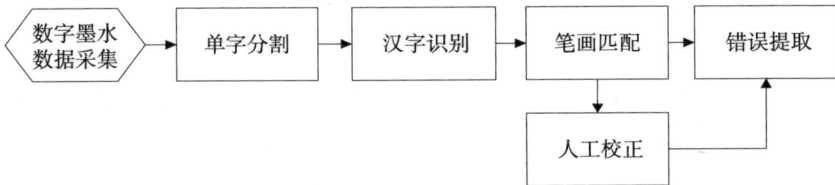

图 1　数字墨水汉字笔画的错误提取流程

1.2　研究问题

在对留学生数字墨水汉字书写错误的研究中，虽然前人已经做了大量的工作和尝试，但仍存在一些需要优化和急需解决的问题，在单字分割、汉字识别、笔画匹配、人机交互校正和错误提取等方面都有一些需要优化的地方。本书研究的问题涵盖以下内容。

（1）针对数字墨水汉字的自动分割技术。在数字墨水的计算技术中，墨水的分割技术非常重要，是数字墨水的结构化编辑和识别的基础。它包括自动分割、分割结果的可视化和校正。自动分割指从原始笔迹中快速准确地提取单字、文本行和文本段。在中文数字墨水文本的分割技术中，由于文本行和文本段之间一般有天然的间隔，分割处理中对于行提取和段提取相对容易。本书将研究重点放在单字提取上，重点研究单字提取方法、单字提取结果的可视化方法及针对单字提取结果的交互式校正方法。

（2）存在书写错误的留学生手写汉字的识别。汉字的识别是书写汉字智能分析的基础，虽然中文汉字识别技术已经实现了较高的识别率，但现有的方法从特征提取到分类器的训练，从训练样本到测试数据，大都以中文母语者为研究对象。而留学生所写的汉字和母语者在笔画结构特征和书写习惯上有很多不同[16]，特别是当出现书写的错误的情况时，汉字结构特征的改变会增加识别的难度。因此，需要提出针对留学生书写特点和存在书写错误的手写汉字的识别方法。

（3）面向书写错误提取的笔画匹配方法。笔画匹配是书写错误分析的主流方法和前提条件，基于模板字的笔画匹配本身可看作一种组合优化问题。留学生书写质量的千差万别使得问题的规模和复杂程度增大，尤其是存在书写错误的笔画，无论是整个笔画错误还是笔画局部错误，都使得笔画匹配问题不仅仅是一种组合优化问题，还需要考虑问题所处理数据的级别。因此，需要提出自适应的笔画匹配方法，使得匹配结果对于不同类型的书写错误都有较好的针对性。

（4）针对笔画匹配结果的可视化及人机交互校正方法。由于系统自动方法难以得到完全正确的数据结果，所以作为评价所提方法性能的必要条件，需要进行人机交互校正得到正确的数据进行对比实验。有效的人机交互方法，可以减少时间成本，提高效率。人机交互之前，需要针对笔画匹配结果进行可视化表示，才能使校正者进行视觉感知，完成校正。有效的可视化方法可以减轻认知负担，同时准确表示需要显示的信息。因此，需要设计针对笔画匹配结果的可视化方法并在此基础上进行人机交互校正。

（5）留学生书写笔画错误提取的方法。在汉语教学研究中，针对汉字书写错误研究，前人做出了大量的工作。然而，研究对象多以中文母语者为主，与之相比留学生的书写习惯和特点差异较大；此外，研究对于书写错误的分类大都以专家系统为主的经验规则展开，方法的主观性及书写数据的随意性的矛盾使提取结果难以稳定。因此，需要从书写数据本身出发，通过动态生成的笔画匹配结果提取笔画错误。

1.3　本书工作

本书针对上述问题，做了以下的工作。

（1）面向中文数字墨水文本的单字提取技术。从分割算法、可视化方法和交互校正三个方面对数字墨水的单字提取问题进行讨

6

论，针对中文数字墨水文本中单字特点，提出了递归分割方法；针对单字提取结果中的错误类型，提出了面向错误分类的分割方法；针对单字提取结果的重叠问题，提出了自适应可视化方法；为提高校正提取结果的效率，提出了单字提取结果的可信度评价指标和基于可信度的可视化方法；通过分析用户的校正意图并结合可视化的图形，提出了以可视化图形为参考对象和辅助工具，符合用户意图的交互式校正方法。

（2）采用书写层次模型的汉字识别方法及其改进方法。本书针对留学生书写习惯及特点，从笔画、部件结构及整字笔画名称序列等书写元素出发，根据不同层次结构特点进行优化，进而识别汉字。首先以整字中心线为依据将书写字的部件结构按上下、左右及其他进行分类；根据部件分类结果对在候选字库中进行筛选；再通过7900余份手写数据训练了一个基于隐马尔可夫模型的笔画分类器；接着使用这个分类器将书写汉字中每个笔画进行识别，根据书写时序信息组成笔画名称序列；最后在筛选库中根据笔画名称序列进行二次筛选，给出识别备选字。此外，书中还进一步改进了笔画分类器，采用隐条件随机场模型进一步提升了识别率。

（3）基于遗传算法的笔画匹配方法。所提方法以模板笔画序号为基因进行整数编码，根据书写笔画个数确定染色体长度。根据书写笔画个数等于、大于、小于模板笔画个数的情况，分别进行序列编码、最大值编码、子笔画编码。根据笔画的质点距离、长度、水平夹角等构造适应度函数，以基因个数 n 为参考，设定 8n 为种群个数，采用精英算法执行进化过程；在近 10 代内适应度函数均值平稳时，停止进化得到最优解。

（4）对笔画匹配结果，给出了多感知层次的可视化方法和人机交互校正方法。本书根据笔画匹配结果所需显示的配对、笔向、笔顺等信息，采用颜色、图形符号、数字序号等多感知层次相结合的可视化方法，将相邻笔画颜色使用色相、亮度和饱和度进行感知层次区分，结合笔画起止点的图形标记和笔顺的数字序号，使校正者分层次对可视化信息进行认知。在可视化表示的基础上，本书设计了一套针对不同笔画匹配结果及书写错误类型的校正标记规则，并基于此规则提出了一种人机交互方法，采用标记列表将需要校正的配对、笔向及笔顺等信息从图形界面移至线性链表，进行分类校正。

（5）基于标记列表的书写笔画错误提取方法。本书根据笔画匹配所提取的标记列表中的每个匹配单元的对应关系、次序关系以及数据类型关系，按照书写笔画错误的产生顺序，分层次地先提取笔画全局错误中的拆笔、连笔、多笔、少笔，再提取局部错误的余笔和残笔，最后提取笔顺和笔向错误。

本书的组织如下：第一章为绪论；第二章深入分析了手写汉字分割，识别，笔画匹配和书写错误提取的国内外研究现状；第三章提出了中文数字墨水文本分割方法的相关研究；第四章给出了一种基于书写层次模型的手写汉字识别方法；第五章中提出了一种基于遗传算法的笔画匹配方法；第六章给出了针对笔画匹配结果的可视化和人机交互校正方法；第七章提出了一种基于匹配标记列表的书写笔画错误提取方法；第八章对所提方法进行数据测试并给出结果分析；最后对本书工作进行总结。

第二章　国内外研究现状及分析

在留学生汉字书写研究方面，本书研究的问题主要包括单字提取、汉字识别、笔画匹配及书写笔画错误提取。单字提取是数字墨水文本分割技术中的重点和难点，数字墨水文本的分割方法按照分割对象主要分为三类：单字提取方法，文本行的提取方法，文本段的提取方法。由于文本行与文本段天然空间上的间隔，使行提取与段提取都要易于单字提取；汉字识别方法是以留学生手写汉字为对象；笔画匹配方法的研究重点为存在汉字笔画书写错误的笔画匹配方法。在书写笔画错误提取上，根据留学生的书写特点进行研究。

本章组织如下：首先，描述了数字墨水单字提取的研究现状及优缺点；其次，阐述了手写汉字识别的研究现状并结合本书研究的问题分析了优缺点；再次，分析了笔画匹配方法的研究现状并给出了本书的研究角度；最后，分析了现有研究在书写错误提取中的评价对象、提取方法及反馈方式，给出了本书研究中所提取的笔画错误类型。

2.1 单字提取

针对数字墨水文本的分割研究主要分为自动分割方法、分割结果的可视化表示和交互式校正方法。为了充分而有效地利用中文数字墨水文本所表达的各种信息，实现结构化、层次化、规整化、符号化和语义化，为众多行业提供交互自然、处理高效和操作智能等高层次服务，需要对数字墨水文本进行分割，研究自动分割、分割结果可视化表示和交互式校正等方法。聚合的若干笔画可以组成一个单字。在中文数字墨水文本中，单字占有很大比例，包括多种类型，如汉字、标点、数字、字母、英文单词等。根据所利用的信息，单字提取方法分为三种：时空距离的方法、语境的方法、机器学习的方法。

2.1.1 相邻笔画时间和空间距离的方法

Subrahmonia 等 [17] 基于时间和空间阈值从英文数字墨水文本中提取单词，但并没有给出确定阈值的方法，同时对于不同的数字墨水文本，阈值范围相差很大。张习文等 [18] 基于多层次信息从中文数字墨水文档中提取单字。张世龙等 [19] 根据笔画间距分类来提取单个汉字。韩勇等 [20] 根据笔画最小生成树（minimum spanning tree, MST）提取单字，利用了汉字部件的结构位置关系和笔画的空间位置关系，如图 2 所示。苏蕊等 [21] 基于直方图投影提取单字。Bal 等

[22] 也是基于直方图投影采用偏斜归一化的方法进行文本分割。

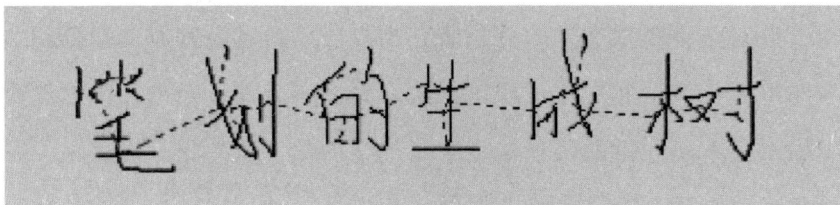

图 2　基于笔画最小生成树提取单字 [20]

2.1.2　语境方法

Tseng 等 [23] 采用最小包围矩形计算候选汉字间距，先根据汉字结构知识初步合并笔画，最后利用动态规划方法进一步合并候选汉字。赵宇明等 [24] 也采用了最小包围矩形计算汉字间距，根据汉字笔画的结构知识逐步合并笔画，从而提取单个汉字，如图 3 所示。Shilman 等 [25] 组合具有相似大小和方向的笔画自下而上地从英文数字墨水文档提取单词。Blanchard 等 [26] 针对英文数字墨水文本提出了基于概率提取单词的方法。该方法考虑了上下文和基于概率特征语法（Probabilistic Features Grammars）。Brodić 等 [27] 采用改进的水流算法进行文本的分割，取得了很好的效果，值得借鉴。

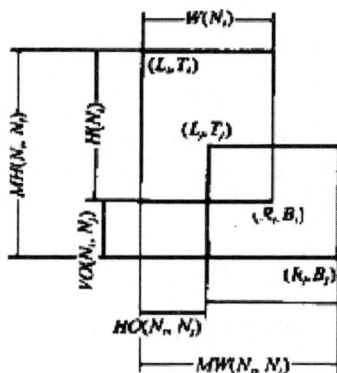

图 3 基于知识的笔画合并 [24]

2.1.3 机器学习方法

Chen 等 [28] 先根据候选汉字间距提取汉字，然后用识别结果构建网格，最后根据识别得分和语言模型得分搜索最佳路径，获取汉字提取结果。Collis 的 HMM 模型 [29] 对笔画行进行缩进分类，从很多训练数据中获取模型参数。Xu 等 [30] 亦采用了 HMM 模型将基于学习的剪切过滤方法从单个剪切级别扩展到剪切序列级别，从而有效解决了过度分割的问题。Choudhury 等 [31] 详细分析了 HMM 模型的分割错误、确定了边界问题，提出了一种自动边界校正方法。Bluche 等 [32] 提出了一种对多维长短期记忆递归神经网络（MDLSTM-RNN）的修改方案，实现了手写段落的直接处理，如图 4 所示。

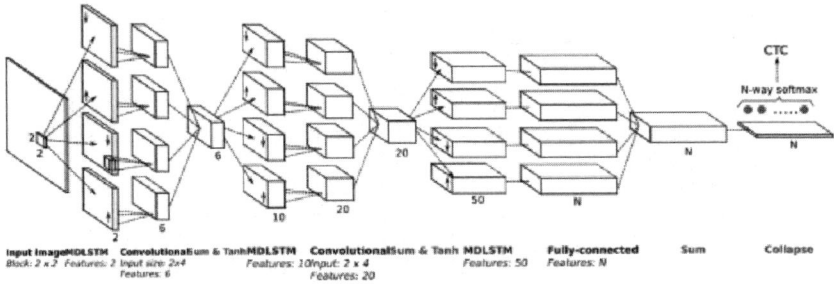

图 4　基于 MDLSTM-RNN 结构的识别模型 [32]

2.2　汉字识别

汉字识别研究从 1966 年 IBM 公司的 Casey 和 Nagy 首次发表汉字识别的文章以来已走过了半个多世纪的发展历程，国内汉字识别的研究开始于 20 世纪 70 年代末期 [33]。最初的阶段，汉字的识别是从汉字笔画结构 [34-43] 出发，但在实践中汉字笔画结构及其相互关系难以稳定的提取，造成了识别器的泛化能力减弱。之后研究逐渐转向从汉字整体视觉感知出发，提取特征，通过机器学习及分类器的训练 [44-51]，取得了良好的效果。但是，特征的提取及分类器的训练需要大量的实践经验，人力和时间成本都较高。2006 年 Hilton 教授提出的深度学习理论 [52, 53]，又使汉字识别研究得到了跨越性的发展 [54-57]，大规模手写集识别方法取得了令人瞩目的实验结果。

2.2.1　结构方法

　　早期的汉字识别是基于汉字是由不同笔画结构组成的认知，首先对笔画的特征进行提取，然后进行分类识别。其中 Kato 等 [37, 38]提出的方向线元素大幅提高了手写汉字识别的水平，其主要思想是汉字的主要特征是笔画及其所在的位置，把汉字看作由"横、竖、撇、捺"四种基本笔画组成，笔画的相对位置及其数量唯一地确定一个汉字；Okumur 等 [41] 使用笔画方向向量为隐藏状态建立隐马尔可夫模型对汉字笔画进行识别，进而识别汉字，如图 5 所示；Liu[39]使用梯度特征进行手写数字的特征提取，取得了较好的效果，提供了对于笔画方向性和量级更高维度的表示方法。

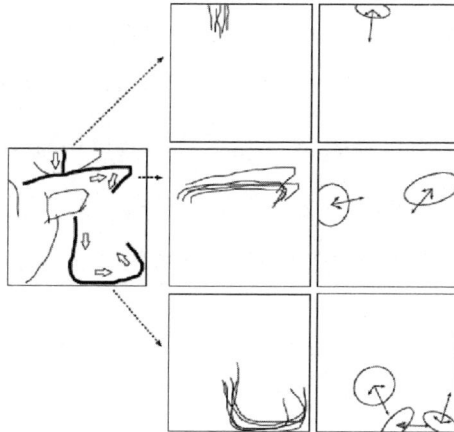

图 5　方向线元素提取 [41]

2.2.2　特征提取方法

基于笔画结构的汉字识别方法，在实际应用中往往遇到无法估计的变化、噪声等干扰，汉字笔画结构及其相互关系难以稳定地提取，造成了识别器的泛化能力减弱。之后，研究逐渐转向从汉字整体视觉感知出发，通过机器学习及分类器的训练实现汉字识别。识别分类器是使用分类方法计算输入样本的特征向量与每个训练模板的特征向量的相似度，从而挑出相似度最高的特征向量模板的类别作为输入样本的类别，即为识别结果。常用的手写文字分类器有，K 近邻 [46]、动态时间规整 [47]、神经网络 [48]、隐马尔可夫模型 [49-51] 和基于贝叶斯距离的分类器 [40, 44, 45] 等，如图 6 所示，其中 Sreeraj[46] 使用 K 近邻算法对联机手写文字进行识别，结合时间及书写方向等特征取得了良好的准确率和识别效率；Kolcz[47] 使用动态规划算法中的动态时间规整，使用方向元素特征对手写数据进行识别；Chuang[48] 结合了概率神经网络和支持向量机识别中文手写数据，具有较少的训练时间及无须循环的学习过程；Su 等 [51] 使用 Delta 特征来减轻 HMM 在条件随机假设的统计负担，从而提高了分类器在中文手写数据中的识别性能。

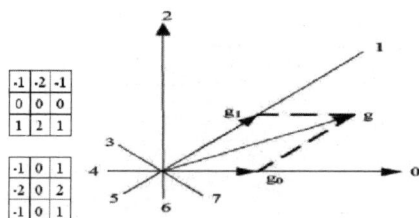

图 6　贝叶斯分类器的特征提取 [45]

2.2.3　深度学习方法

传统众多分类器虽然在特定系统中都取得了良好的识别率，有些已经在实际应用的过程中取得了不错的效果，但在训练过程中，需要大量的人工经验参与，对于特征向量的筛选，不断地修正模型参数。而在 Hilton 教授在 2006 年提出了深度循环神经网络 [52, 53] 之后，汉字手写识别的精度得到了跨越性的提升 [54-57]，其直接原因在于深度学习方法可以直接从原始数据中学习区分特征，通过循环神经网络 [58] 取得了很高的识别率。但网络的训练和特征的学习都需要大数据训练样本的支持，对于特定领域内的手写样本，获取大数据量的样本规模需要耗费大量的人力物力，这几乎是难以完成的任务。

17

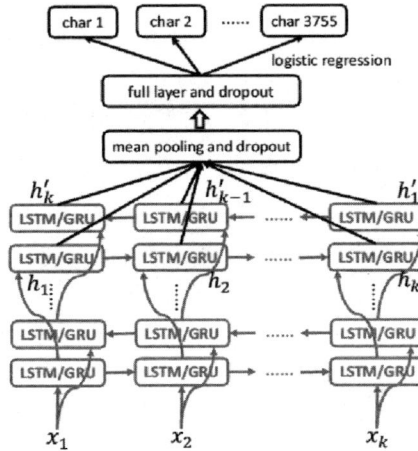

图 7　基于深度循环神经网络的汉字识别 [58]

　　综上所述，对于留学生手写汉字的识别方法，手写数据样本集是有限的。而数据规模有限的训练集难以发挥深度学习方法的优势，甚至使模型容易收敛到局部最优，无法到达最佳效果。而特征提取的方法在参数的训练上难以稳定选取，以致造成分类器泛化能力下降。所以，本书研究的留学生手写汉字数据更适用于结构方法。首先是数字墨水数据本身的时间信息可以较好地得到汉字笔画；其次，留学生书写汉字研究本身的特殊性，要求分类器具有较好的针对性。因此，本书针对存在书写错误的数字墨水汉字，从留学生本身的学习特征和书写习惯出发，提出了一种基于书写层次模型的汉字识别方法。

2.3　笔画匹配

留学生的书写汉字与母语学习者在结构特征和书写习惯上都有很大的不同[59]，大批量地对其书写的汉字进行人工评判分析会耗费大量精力，使用计算机系统对样本集进行分析，可以提高工作效率。计算机将书写的汉字与模板字进行比对，是目前主流的书写质量评价和错误提取方法。书写字和模板字的比较过程是通过一笔一画的比较进行的，其中很多书写质量不高的汉字，如拆笔、连笔、少笔、多笔等情况，会大大增加问题的复杂程度。笔画匹配从处理方法上大致分为三类。

2.3.1　笔画模板方法

第一种在早期的练字系统[11-13, 60]中，经常采用描红限定（阈值法）的方法进行笔画匹配，预先设定每个笔画的书写区域范围，练习者需要每一笔都按照预设的范围进行"描红"，然后系统将范围内的笔画与其对应的模板笔画进行匹配，给出反馈结果。这种方法可将书写笔画和预设模板笔画进行快速匹配，给出匹配结果。但对于练习者的书写限制较大，书写笔画"越界"预设范围，系统匹配就会出错，因此此类方法对于不同书写字的适应性较低。

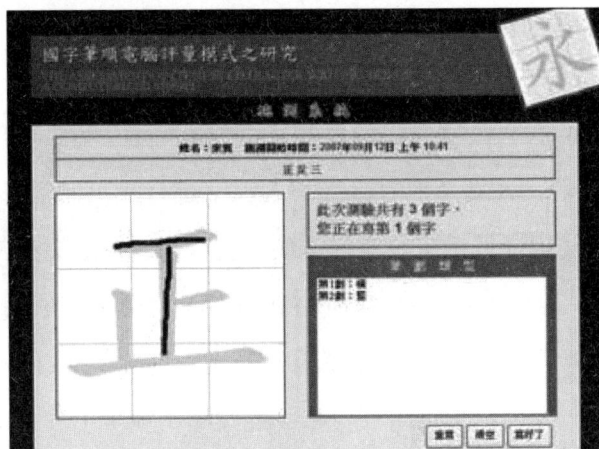

图 8　描红法匹配笔画 [13]

2.3.2　图匹配方法

　　Hu 等 [9] 使用属性关系图建立笔画相对位置关系，从而与模板字进行匹配，再在匹配的基础上进行评测。该方法首先通过时序关系将笔画投影在水平和竖直两个坐标轴上，并对两个不连通笔画投影间的 17 种相对位置关系进行定义、编码，再使用属性关系图来表示模板汉字和手写汉字，并与汉字特征结合给出带有容错机制的 ARG 结点和边操作的匹配定义，从而完成手写汉字和模板汉字的笔画匹配。也有采用匈牙利算法 [61] 对已有的像素级聚类进行笔画匹配，这类方法前期需要较复杂的阈值关系设置，对于书写字的规整性要求较高并且笔画较多时匹配效率会明显下降。

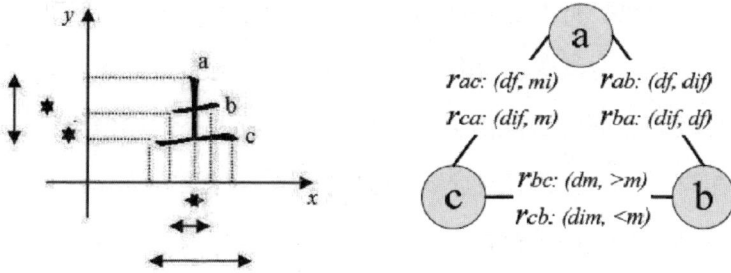

图 9　基于属性关系图匹配的方法[9]

2.3.3　笔段匹配方法

此类方法将子笔画（笔段）采用动态规划的方法[62]与模板字的笔段进行匹配，亦有采用动态时间归整方法[63]及 A* 算法[64]对笔画进行匹配，这类方法对于不同书写字特点都有较好的适应性和较高的匹配正确率，但对书写笔画的原始结构进行了改造，丢失了部分结构信息，其处理的数据量级也成倍增加，当笔画数较多时搜索算法效率将快速下降。

图 10　笔段匹配方法[62]

由此可见，针对存在书写错误的笔画匹配，早期练字系统使用的模板描红的方法无法适用多种笔画错误的情况，对于书写笔画的限制也较多。而图匹配的方法前期需要进行大量的阈值设定，对于留学生书写差异性的泛化能力不高。笔段匹配的方法可以较好地处理存在书写错误的笔画匹配问题，但单字笔画数较多或书写错误累积时，方法效率较低。因此，本书提出了一种笔画和笔段相结合的自适应匹配方法，具有较好的执行效率。

2.4 书写错误提取

本书所研究的汉字书写错误提取主要包括评价对象、提取方法和错误反馈方式这三个方面。通过分析其研究现状，给出本书研究的书写笔画错误类型。

2.4.1 评价对象

这些系统和方法从评价对象上总体分为错误分析 [7, 9, 13, 14, 60, 65, 66] 和美观度评价 [8, 67-69] 两大类，其中对于错误类型的分析从笔势、笔顺、多笔画、少笔画等几类笔画错误 [7, 9, 13, 14] 到笔画间关系、部件结构 [65, 66] 等。具体来看，庄崇彪等 [7] 提出的方法，可以识别笔向、笔顺、少笔及多笔等笔画错误；Chen[13] 研发的在线汉字笔顺教学系统可以对手写输入的汉字做笔向、笔顺错误检测；Hu 等 [9] 使用笔画匹配的方法对笔画基本错误（多笔、少笔、连笔、拆笔）及笔画位置关系的错误进行检测；Tam[14] 在移动设备上给出了汉字笔顺检测的方法，谢建斌等[65] 将笔画间关系错误进行了细化并提出了检测方法；韩睿方等[66] 针对笔画的规范性提出了宏观和微观两种评价，宏观上对笔画的拓扑结构错误进行了考察，微观上对笔画的规范性进行了分析。

　　本书结合以上在书写错误提取中的分类，根据留学生的书写特点，提出了按照汉字笔画的全局和局部错误进行分类的方法，具体如下。

　　● 全局笔画错误：指在汉字的书写过程中，完整笔画存在的错误或者笔画与笔画间构成关系的错误，包括少笔、多笔、连笔、拆笔以及笔顺、笔向错误。具体如表1所示：

表 1　全局笔画错误示例

错误类型	书写字	模板字	说明
少笔	茶	茶	书写字缺少笔画与模板字中的笔画对应
多笔	禾	不	书写字中至少有一个书写笔画没有对应的模板笔画

续表

错误类型	书写字	模板字	说明
连笔	白	白	同一个书写笔画对应不同的模板笔画
拆笔	比	比	书写笔画不能独自对应一个完整模板笔画
笔向	班	班	书写笔画的方向与其对应的模板笔画的书写方向不同
笔顺	不	不	书写字中笔画的书写顺序与模板字的笔画顺序不同

  局部笔画错误：指单一笔画内出现的书写错误，包括残笔和余笔，如表 2 所示。

表 2　局部笔画错误示例

错误类型	书写字	模板字	说明
残笔	五	五	书写笔画中的缺少一部分
余笔	北	北	书写笔画中的一部分没有对应的模板笔画

2.4.2　错误提取方法

2.4.2.1　描红限定法

Chen[13] 在汉字笔顺教学系统中，使用正字描红的界面，通过预先设定的笔画顺序规则对输入笔画的笔向、笔顺进行检测；Tam[14] 在移动设备上也使用了相似的方法对笔顺进行检测。此类方法对于用户书写限制较大，要求书写规范性较高，检测类型也相对单一，难以满足对于汉字学习者不同错误类型的检测要求。

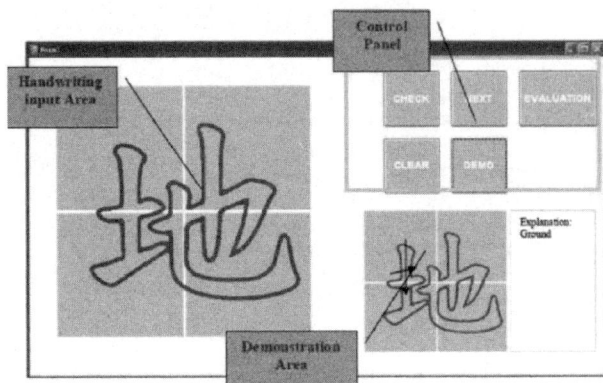

图 11   界面限定法 [14]

2.4.2.2   标记检索法

谢建斌等 [65] 使用基于汉字教学知识的向量函数进行搜索求解；姜杰等 [69] 采用阈值标记法给出了不同书写单元的评价标准，方法根据汉字间的拓扑结构，采用基于 XML 的标识方式，对能够描述汉字关系的关键特征以及关键笔画进行阈值标记。此类方法的构建需要较大的时间和人工成本，阈值的设置人工主观性较大，对于不同书写人群的适应性较差，维护和改进成本都较高，泛化能力很弱。

一级特征项	二级特征项	XML格式	含 义
1.笔画	1.笔画长度	*<strokes strokeOrderID="0"></strokes>*	存储笔画在笔画表中的 ID 以及笔画顺序集合
	2.弧度		
	3.倾斜角度		
2.部件	1.部件大小	*<components></components>*	存储部件在部件库中的 ID 集合
	2.宽高比		
2.部件内	1.交	*<strokeIntersects></strokeIntersects>*	存储具有交关系的笔画 ID 以及笔画类型集合
	2.接	*<strokeConnects></strokeConnects>*	存储具有接关系的笔画 ID、笔画方位以及类型集合
	2.平稳	*<strokeSteady></strokeSteady>*	存储两边呼应关系的笔画 ID 以及平稳的方向集合
	3.不同笔段	*<differentStrokes></differentStrokes>*	存储笔画相离笔画的 ID 以及两者间的方位集合
	4.同类笔段	*<sameStrokes></sameStrokes>*	存储具有相同方向的笔画的 ID 及方位集合
3.部件间	1.部件间的对齐和距离	*<compRelations></compRelations>*	存储部件之间的结构关系集合，UD代表上下，LR 代表左右，B 代表包围等
	2.部件间同类笔画	*<compConnection></compConnection>*	存储跨部件的相同笔画的 ID 以及方向集合
4.整字	1.整字大小	*<word></word>*	汉字的区位码
	2.整字宽高比		
	3.关键笔画	*<keyStrokes></keyStrokes>*	存储影响汉字整体形状的关键笔画 ID 集合

图 12 基于 XML 的标识提取笔画关系[69]

2.4.2.3 特征提取法

庄崇彪等[7]利用矩形框基于规则（八方向编码、九宫格）的特征提取，可识别出笔势、笔顺、多笔画、少笔画等笔画错误类型；Sun[68]提出了 20 个全局指标和 10 个部件指标，训练 BP 神经网络进行美观度评价，此类方法特征的提取需要大量的实践经验，分类器的训练成本也较高。基于数学模型的统计分析法，Han[67]提出三个评价指标：中心点（表示汉字结构的视觉平衡性）、包围框大小（评价汉字的美观度）及笔画投影（评价笔画的水平、垂直及对称性），使用模糊集理论对书写质量进行评分，由于没有反馈意见，学生不知如何改进提高。

27

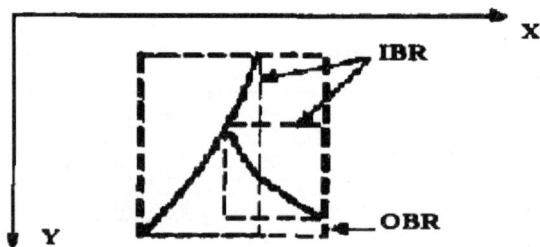

图 13　特征提取 [7]

2.4.2.4　笔画匹配法

Hu 等 [9] 将汉字字形计算的问题转化为 ARG 图的算法计算问题，利用属性关系图进行笔画对应，再在匹配的基础上进行评测。该方法首先基于时间间隔的知识表达方法，将笔画投影在水平和竖直两个坐标轴上，对两个不连通笔画投影间的 17 种相对位置关系进行定义、编码，再使用属性关系图来表示模板汉字和手写汉字，与汉字特征结合给出带有容错机制的 ARG 结点和边操作的匹配定义，通过这些操作完成手写汉字和模板汉字的笔画匹配完成评测，给出评测结果和修改建议，但此方法对于笔画较多的汉字时间成本较高。韩睿方等 [66] 将汉字笔画的特征参数分解为宏观和微观两方面。在宏观方面，主要对笔画路径上各关键点的拓扑结构进行考察；在微观方面，采用决策树方法对相关参数进行训练，得到"宽松"和"严格"两个不同级别的评判规则，为不同背景的汉字书写学习人群提供规范性约束指导，但没有对错误类型做分类指导，不利于学生在学习过程中的归纳总结和对相应错误做强化训练。

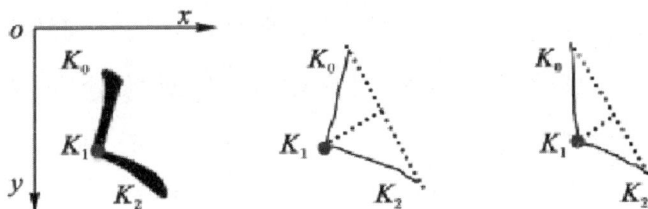

图 14　基于模板笔画的提取 [66]

2.4.3　评价反馈方式

从反馈方式上来看，分为评分 [12, 13, 68, 69]、错误检测 [7, 9, 65]、校正指导 [66] 等方法。从实际教学效果来看，Han[67] 通过对照组实验说明，使用评分方法的系统实际教学效果比教师教授的进步慢，原因在于评分的反馈方法虽然对于学生的书写情况有大致的评估，但没有提供进一步的错误分析，学生不知道如何改进提高，因而进步较慢。而通过错误检测给予相应的反馈信息，可以使学生在学习过程中针对错误类型自主强化练习，便于分类记忆整理。反馈的内容上，Hu 等 [9] 通过红圈标记错误点和文字描述给出反馈信息；Tam[14] 提供平均错误率及需要加强练习的部件结构（上下、左右、独体、包围）作为练习反馈；Chen[13] 通过错笔标红及文字描述给出反馈。在检测反馈的时效上，有采用整字反馈 [7, 9] 和实时反馈 [13, 65, 66] 两种方式，实时反馈即采用用户每写一笔即时给出反馈的方法，便于及时纠正书写者的错误，避免错误叠加，但实时的反馈信息会对书写者的练习过程造成信息干扰，破坏了整字的书写节奏，不利于书写习惯的养成，所以整字反馈对于实际教学效果来说更合适，同时也便于提取整字错误信息。

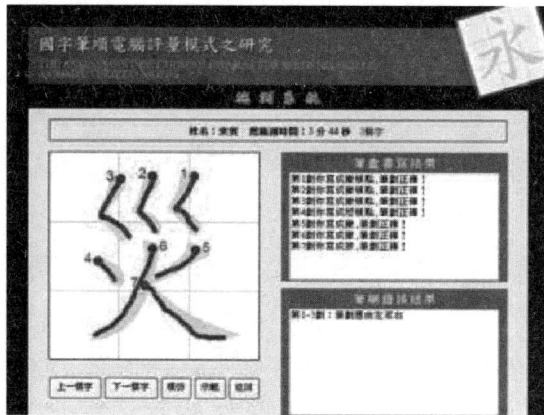

图 15　错笔标红及文字描述 [13]

综上所述，在留学生汉字笔画错误提取的智能方法研究中，汉字的分割和识别是进行书写数据样本集分析的前提。本书首先给出了针对手写数据的单字提取方法，接着提出了针对留学生书写特点的汉字识别方法，无须大数据集的训练方法，针对留学生较熟悉、书写质量较高的笔画进行提取，结合留学生的数据特征得到书写层次信息，进行汉字识别。然后，依据汉字识别结果在模板字库中检索到对应的模板字，采用一种面向书写错误提取的笔画匹配方法，方法尽量减少预训练和复杂的阈值设置的过程，根据具体书写字结构及其书写质量，自适应选择匹配算法，达到较好的执行效率。接着，针对笔画匹配结果进行相应的人机交互校正，使用可视化方法表达笔画匹配结果，以提高人机交互校正的效率。最后，根据笔画匹配结果所得到的标记列表，采用自适应的方法提取不同书写者、不同字例、不同类型的笔画错误，方法无须预训练和复杂的规则设置，即可达到较为理想的提取结果。

2.5　本章小结

在本章中，针对留学生手写汉字错误提取方法中所涉及的汉字分割、识别、笔画匹配及错误提取的国内外现状研究进行了详细分析，结合本书研究的问题重点分析现有研究存在的不足及可取之处，最后得出本书研究的方向和思路。在单字提取方法中，根据手写汉字的特征，针对留学生的书写特点，提出了基于结构的书写层次模型的识别方法；在笔画匹配方法中，根据留学生书写错误的情况，提出了一种笔画和笔段匹配相结合的自适应方法；在书写错误提取方法中，提出了对于留学生笔画书写错误的分类，并根据动态生成的笔画匹配结果自适应提取笔画错误。

第三章 基于多层次信息的单字提取方法

数字墨水文本的分割技术是指从只有笔画的页面中提取各个段落、行以及单字，它是识别、排版等后续工作的前提和基础。数字墨水文本的分割方法按照分割对象主要分为三类：单字提取方法，文本行的提取方法，文本段的提取方法。由于文本行与文本段空间上的间隔，使行提取与段提取都要易于单字提取。本章的研究重点是单字的提取方法。

聚合的若干笔画可以组成一个单字。在中文数字墨水文本中，单字占有很大比例，包括多种类型，如汉字、标点、数字、字母、英文单词等。前文的方法大都是基于文本的自身信息进行单字提取，由于汉字结构的复杂性和中文手写的随意性，上述方法对于不同语言，书写规整性不一的手写数据的自适应性大都较差，因而需要结合数据自身信息以外的多层次信息，比如初次分割结果的信息等。基于以上原因，本书提出了递归分割方法，可以在现有分割技术的水平上提高分割正确率。

3.1　递归分割方法

文中采用 MS Tablet PC Software Development Kit 1.7[70] 作为开发工具，其中的分割器可以在数字墨水文本中提取单字、文本行、文本段等，但其综合分割正确率仅为 70% 左右，这样的正确率并不能满足识别等后续工作的需要。通过对这些分割错误进行详细分析后发现，许多错误是可以通过制定规则在二次分割中避免的。在张堃[71]提出的使用迭代算法进行二次分割的方法中，将分割结果全部进行二次分割。这样，第一次分割正确的结果依然参与计算，数据量较大时不但会造成分割效率下降，也可能会由于分割规则不当，造成正确结果在二次分割中被错误分割的结果。所以，本书提出了采用递归进行二次分割的方法，对每次的分割结果进行筛选，正确的结果不再参与二次分割，从而使数字墨水文本的分割正确率在原有的基础上有进一步的提高。

递归分割算法具体主要分为三个步骤：

步骤一，使用 MS Tablet PC SDK 中的分割器对数字墨水文本进行初始分割，并对初始分割结果进行数据分析，得出其自适应行高等多层次信息；

步骤二，根据汉字的结构知识及步骤一得出的分析结果制定模型规则；

步骤三，使用规则，使用多个分割器对象进行递归分割。

3.1.1 基于初始分割结果的数据分析

如图 16 所示为一篇中文数字墨水文本数据和经过微软分割器进行分割后的效果，其中每个矩形框内的笔画为一个提取出的单字。在微软的分割器中有一个 LineHeight 属性，实验发现，恰当地设置这个属性值可以有效地区分文本对象和勾画对象，从而可以避免一些欠分割现象，如图 17 所示，第一行为默认属性值的分割结果，第二行为使用笔画中最高笔画高度作为属性值的分割结果。所以，初次分割时，本书使用了数字墨水文本中所有笔画，计算其正方矩形框的包围盒，选出包围盒高度的最大值作为 LineHeight 属性值。

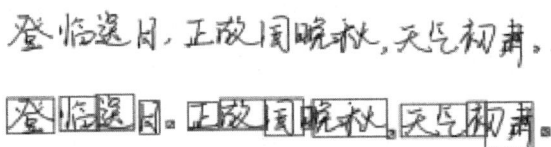

图 16 微软分割器进行单字提取后的效果截图

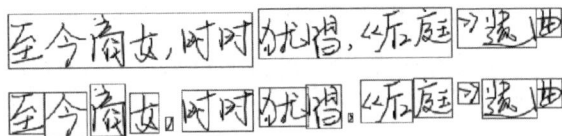

图 17 欠分割现象与正确分割对比

由于数字墨水数据本身包含了除位置信息以外的多元信息，如采样时间、笔尖压力、笔身倾斜度等，加上微软分割器对于数据多元信息的支持，使得采用多元信息进行处理比单独使用坐标信息进行处理，在墨水绘制效果和分割正确率上都有很大的提高。从汉字的结构知识[72]来看，汉字即使是手写体也存在一些共性，比如以正方矩形框作为单字的包围盒的宽高比、单字的笔画数、单字的包围盒宽度等。

（1）矩形包围盒宽高比 $R_{w/h}$=W/H，如图 18 所示，通过对 10 篇平均字数为 300 字的中文数字墨水文本数据分析得出，常见汉字的平均宽高比为范围在 (0.9187292,1.036495) 区间内，因而通过宽高比范围可以初步判断一个中文单字分割是否正确，如果错误则进行二次分割。

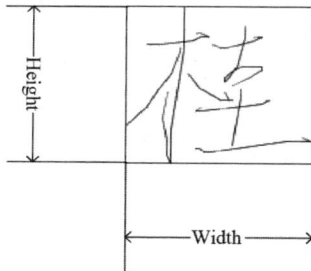

图 18　单字宽高比示意

（2）笔画数 N_s：常用汉字的平均笔画数为 9.17[73]，如果分割结果中单字的笔画数远远超过平均值，就有可能发生了欠分割错误。

（3）矩形包围盒的宽度 W：如图 18 所示，由于汉字的"方块

35

字"特征，不同于西文，中文单字的宽度（标点符号除外）通常与其行高成线性变化，所以如果单字宽度超过正常范围，就有可能发生了分割错误。

（4）采用识别器进行文字识别，如果识别结果为两个以上的单字，说明单字的分割结果可能出现欠分割的情况。

筛选规则的算法为：

步骤一，使用识别器对该单字进行识别，如果识别结果为一个字以上，则说明该单字可能出现了欠分割的情况，需要校正分割器的 LineHeight 属性值进行二次分割；

步骤二，检验单字矩形包围盒的宽高比 $R_{w/h}$ 和单字矩形包围盒的宽度 W，如果超出正常范围则说明该单字可能出现分割错误现象；

步骤三，检验单字的笔画数 N_s，如果 N_s 超出正常范围，则需要校正分割器的 LineHeight 属性值进行二次分割。

3.1.2　递归分割算法

使用上一节所得出的筛选模型，在二次分割时进行递归分割。分割算法分为以下三步。

（1）使用筛选规则对初次分割结果进行筛选，找出分割错误的单字准备进行二次分割。

（2）二次分割前，将该单字的矩形包围盒高度作为分割器的 LineHeight 属性值。

（3）使用新 LineHeight 属性值的分割器进行二次分割后，对分割结果进行递归，再次对分割结果进行筛选。

算法流程图如图 19 所示。

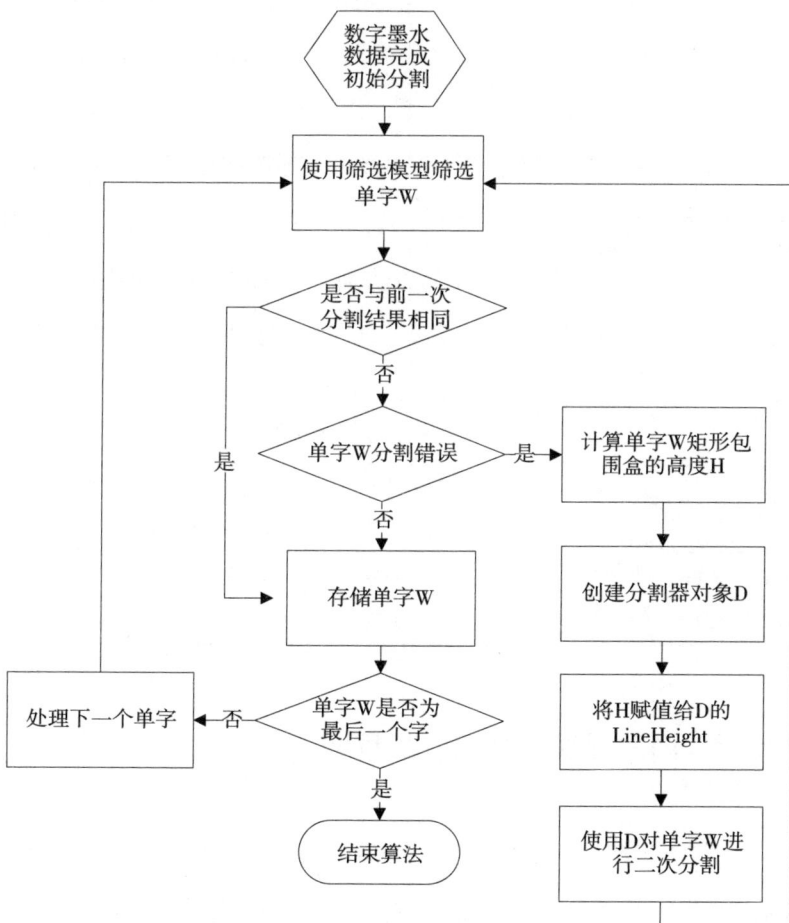

图 19 递归分割算法流程

为了验证本节提出的递归分割方法的有效性，本书提出了以下三个性能指标：

（1）分割效率，即分割总用时与总字数的比值；

（2）初始正确率，初次分割正确的单字字数与总字数的比值；

（3）递归正确率，递归分割正确的单字字数与总字数的比值。

使用10篇平均字数为300字的数字墨水文本进行性能测试，其中递归分割算法统计部分结果如表3所示，实验数据表明：（1）针对初始分割结果的二次分割方法可以有效地提升分割正确率；（2）从数据007中可以看出，递归分割方法对于行高的自适应性很强，可以对中文混排文本进行自适应分割并取得较高的分割正确率。

表 3　递归分割算法统计

数据	总字数	分割时间（秒）	分割效率（秒/字）	初始正确率（％）	递归正确率（％）
001	114	8.53	0.07	78.95	85.96
007	309	36.78	0.12	93.20	94.17

3.2　面向错误分类的分割方法

使用递归分割算法分割后依然会存在分割错误。进一步对这些分割错误进行分类整理后可以发现，这些分割错误普遍存在一些共性，而这可以利用一些简单的规则进行避免。

3.2.1 错误分类归纳

单字的分割过程中产生的错误主要分为三大类：欠分割、过分割和错分割。

（1）欠分割错误，指相邻的单字被错分为一个单字结果。经过递归分割后，常见的欠分割错误有以下两种。

a）由于书写本身的原因，相邻的单字间隔过小或者相邻单字的矩形包围盒宽高比过小，造成相邻单字被分割成一个单字，如图20所示，"千里"两字由于本身矩形框包围盒较小且字间距较小，结果被分割成一个单字。

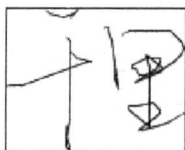

图 20　A 类欠分割错误

b）由于标点符号被分在单字的内部造成的分割错误，如图21所示，"里"后的逗号被分在了单字中。

图 21　B 类欠分割错误

（2）过分割错误，指单字中的偏旁或部分笔画被单独分为了一个单字。经过递归分割后，常见的过分割错误有以下两种。

a）原本为上下结构的单字，被分割器分为两个不同的单字，如图 22 所示，"楚"被分为了两个单字。

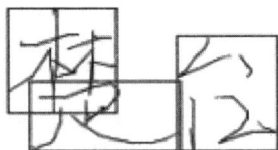

图 22　A 类过分割错误

b）原本为左右结构的单字，由于书写时间距较大等原因，被分割器分为两个不同的单字，如图 23 所示，"风"的一笔被分成了一个单字。

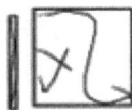

图 23　B 类过分割错误

（3）错分割错误，经过微软分割器初次分割及递归分割后，由于相邻单字间距过小，而单字的左右部首间距过大，而造成的错分割现象，如图 24 所示，"被"和"他"两个字，"被"的左边部首被分为一个单字，右边的"皮"和"他"的左边部首被分割另一个单字，剩下的"也"被分为第三个单字。

图 24　错分割错误

分析不同类型的分割错误，因为面向欠分割的分割方法的处理结果可能会出现过分割错误，所以基于错误分类的分割方法的基本思路是：先对欠分割错误进行分割，然后再对过分割的错误进行分割处理。

3.2.2　面向欠分割的分割方法

和印刷体不同，数字墨水存在着较大的随意性，单字的大小、字间距、字内距变化很大，由于相邻的单字间隔过小或者单字的矩形包围盒宽高比过小，造成相邻单字被分割成一个单字的现象时有发生。标点符号由于位置的关系有时也会被当作单字中的笔画分在单字的内部，造成分割错误。通过对 10 篇平均字数为 300 字的中文数字墨水文本数据进行测试发现，这类分割错误使用前面介绍的递归分割方法的平均分割正确率只能达到 80%。注意到虽然手写体的随意性较大，但其单字笔画间的基本位置关系依然存在，所以本书提出了使用单字内笔画的相对位置关系为特征向量，进行聚类分析处理欠分割错误。

具体算法为：

步骤一，计算各笔画的中心点，并将其横坐标的投影值作为采样点的值；

步骤二，使用凝聚层次聚类算法[74]对数据对象进行处理，得到簇数目 K；

步骤三，利用步骤二得到的簇数目 K，使用 K-means 聚类算法[75]对各中心点进行聚类分析，得到的各簇即为分割出的单字。

3.2.2.1 特征向量提取

由于中文从左到右的书写特点，单字间一般存在较明显的字间距，这就为从各笔画的中心点中提取其横坐标的投影值提供了可行性。如图 25 所示为笔画"千里"的欠分割结果，各笔画中心点横坐标的投影值如虚线所示。

具体算法为：

步骤一，计算单字中各笔画的中心点 C_n；

步骤二，计算各中心点的横坐标投影值 X_{C_n}；

步骤三，得出以 X_{C_n} 为对象的数据集 $Cluster_0$。

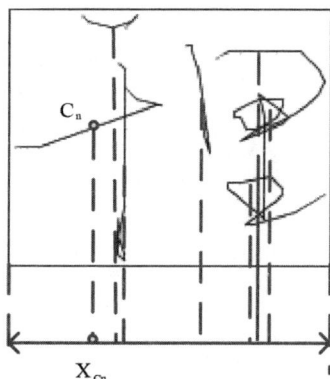

图 25　笔画中心点投影示意

3.2.2.2　凝聚层次聚类算法

　　本书使用 K-means 算法进行聚类分析，但由于 K-means 算法中的簇的数目 K 必须事先给出，不恰当的 K 值会产生不理想的聚类结果，所以在使用 K-means 聚类算法之前要使用凝聚层次聚类算法得出 K 值。所以，书中采用的策略就是，首先采用层次凝聚算法决定结果簇的数目，并找到一个初始聚类，然后再用 K-means 算法来改进该聚类。层次凝聚算法的具体步骤如图 26 所示，{a,b,c,d,e} 为特征向量。如何定义簇间的相似度作为算法的终止条件是算法的关键。

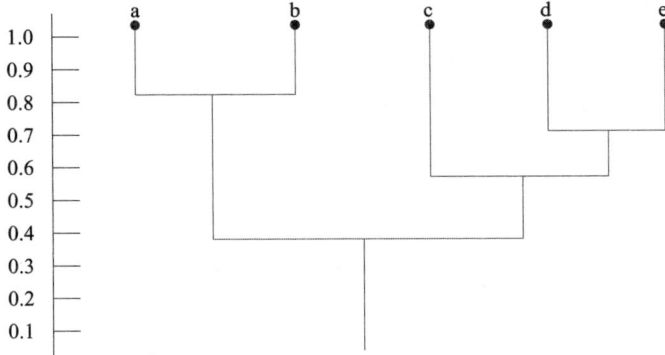

图 26　层次凝聚聚类算法示意

　　书中以簇内距与簇间距的比值作为簇间相似度，相似度越高，说明簇内数据对象聚合度越高。表 4 中为一篇 134 字已校正分割的中文数字墨水文本的相似度，经过 10 篇平均字数为 300 字的中文数字墨水文本数据实验测试得出，相似度低于 0.5，即可认为得到了目标簇。簇内距的计算方法采用计算簇内各数据对象的平均间距的方法，簇间距的计算方法采用计算簇间中心点的距离的方法。

表 4　相似度统计

Num	Word	Similarity	Num	Word	Similarity	Num	Word	Similarity
1	0	0.00	47	西	0.14	93	高	0.21
2	4	0.07	48	风	0.33	94	/	0.00
3	可	0.00	49	了	0.00	95	对	0.31
4	桂	0.16	50	酒	0.31	96	此	0.24

Num	Word	Similarity	Num	Word	Similarity	Num	Word	Similarity
5	枝	0.31	51	旗	0.26	97	温	0.26
6	香	0.15	52	制	0.24	98	嗟	0.21
7	王	0.01	53	霸	0.21	99	荣	0.21
8	安	0.12	54	0	0.00	100	辱	0.16
9	石	0.29	55	劾	0.20	101	0	0.00
10	登	0.24	56	舟	0.16	102	六	0.24
11	临	0.25	57	方	0.20	103	朝	0.28
12	送	0.23	58	谈	0.30	104	归	0.27
13	目	0.17	59	，	0.00	105	事	0.10
14	，	0.00	60	是	0.19	106	如	0.24
15	正	0.12	61	河	0.31	107	流	0.30
16	致	0.32	62	照	0.16	108	水	0.43
17	国	0.22	63	处	0.42	109	广	0.00
18	港	0.30	64	）	0.00	110	但	0.32
19	秋	0.37	65	画	0.26	111	容	0.27
20	了	0.00	66	图	0.19	112	烟	0.41
21	天	0.31	67	难	0.39	113	了	0.00
22	气	0.19	68	足	0.30	114	亲	0.18
23	初	0.31	69	0	0.00	115	事	0.10
24	崩	0.29	70	念	0.26	116	凝	0.28
25	0	0.00	71	往	0.28	117	花	0.31
26	于	0.13	72	昔	0.13	118	0	0.00
27	里	0.38	73	\	0.00	119	至	0.14

续表

Num	Word	Similarity	Num	Word	Similarity	Num	Word	Similarity
28	澄	0.28	74	繁	0.28	120	今	0.25
29	江	0.20	75	华	0.20	121	颜	0.25
30	似	0.41	76	帝	0.14	122	女	0.12
31	冻	0.33	77	逊	0.42	123	1	0.00
32	，	0.00	78	/	0.00	124	里	0.32
33	革	0.15	79	从	0.49	125	时	0.26
34	绎	0.30	80	门	0.44	126	犹	0.39
35	如	0.20	81	外	0.30	127	唱	0.27
36	预	0.39	82	梦	0.21	128	了	0.00
37	0	0.00	83	头	0.26	129	《	0.49
38	归	0.35	84	的	0.00	130	后	0.37
39	虹	0.34	85	息	0.31	131	庭	0.33
40	支，	0.25	86	娘	0.43	132	>0	0.24
41	随	0.22	87	相	0.22	133	造	0.28
42	料	0.29	88	英	0.26	134	四	0.26
43	朋	0.28	89	，	0.00			
44	里	0.32	90	干	0.04			
45	）	0.00	91	古	0.15			
46	背	0.23	92	凭	0.30			

3.2.2.3 K-means 聚类算法

通过上一节中的凝聚层次聚类算法计算得出的 K 值，以及之前计算特征向量时得到的初始数据集合 $Cluster_0$，就可以使用 K-means

算法来迭代改进 $Cluster_0$，从而得到最优分割结果。算法流程如图 27 所示。

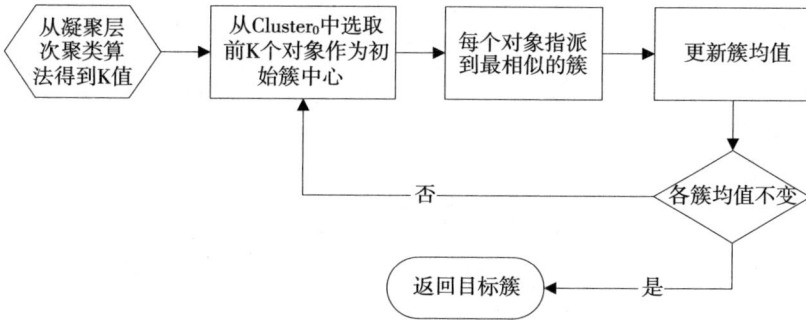

图 27　K-means 算法流程

3.2.3　面向过分割的分割方法

从汉字的书写习惯来看，同一行单字的中心点连线一般来说会成一条相对稳定的直线。从同一行内任意两个相邻的单字来看，其中心点连线的水平夹角是一个较小的角度（标点符号除外），如图 28 所示。

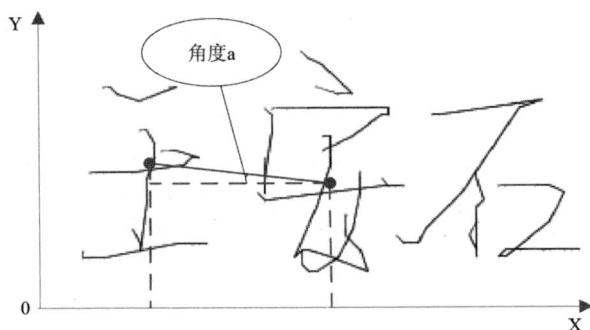

图 28　中心点连线夹角示意

表 5 为一篇 134 字已校正分割的中文数字墨水文本的相邻单字中心点间的水平夹角，通过汉字的结构知识得出该算法的具体步骤为：

步骤一，计算单字的中心点；

步骤二，计算中心点间连线的水平夹角；

步骤三，如果夹角过大（超过 30°），则将它们合并为一个单字。

经过对 10 篇平均字数为 300 字的中文数字墨水文本数据实验测试发现，该算法可以有效地解决上下结构和半包围结构的过分割错误，但对于左右结构的过分割错误不能很好地解决。

表5 连线夹角统计

Num	Word	angle	Num	Word	angle	Num	Word	angle
1	0	12.25	47	西	0.76	93	高	20.99
2	4	5.10	48	风	25.58	94	/	20.13
3	可	3.13	49	了	21.02	95	对	4.02
4	桂	3.32	50	酒	0.92	96	此	2.64
5	枝	1.50	51	旗	13.63	97	温	3.76
6	香	0.00	52	制	13.52	98	嗟	3.61
7	王	3.31	53	霸	28.71	99	荣	3.69
8	安	6.52	54	0	0.00	100	辱	32.91
9	石	0.00	55	劢	1.28	101	0	0.00
10	登	1.84	56	舟	0.88	102	六	1.61
11	临	2.51	57	方	1.29	103	朝	5.08
12	送	8.73	58	谈	32.48	104	归	3.69
13	目	20.58	59	,	30.81	105	事	0.99
14	,	14.50	60	是	4.74	106	如	4.21
15	正	3.02	61	河	3.35	107	流	2.25
16	致	5.14	62	照	8.44	108	水	42.56
17	国	0.75	63	处	23.32	109	广	23.23
18	港	3.97	64	)	26.23	110	但	3.57
19	秋	28.51	65	画	0.00	111	容	5.10
20	了	22.27	66	图	3.97	112	烟	13.53
21	天	2.93	67	难	2.4 人	113	了	26.10
22	气	0.87	68	足	28.91	114	亲	20.96
23	初	12.08	69	0	0.00	115	事	3.44

续表

Num	Word	angle	Num	Word	angle	Num	Word	angle
24	峒	12.78	70	念	4.98	116	凝	0.59
25	0	0.00	71	往	2.66	117	花	27.79
26	于	1.02	72	昔	27.10	118	0	0.00
27	里	0.76	73	\	15.77	119	至	3.32
28	澄	3.49	74	繁	7.38	120	今	6.20
29	江	1.58	75	华	7.22	121	颜	4.46
30	似	6.62	76	帝	4.44	122	女	23.80
31	冻	13.45	77	逊	30.76	123	1	22.93
32	，	0.00	78	/	25.06	124	里	3.64
33	革	0.00	79	从	1.94	125	时	1.36
34	绎	9.65	80	门	1.04	126	犹	0.00
35	如	0.94	81	外	0.00	127	唱	22.48
36	预	21.44	82	梦	3.71	128	了	37.41
37	0	21.86	83	头	24.48	129	《	1.56
38	归	0.79	84	的	33.37	130	后	4.26
39	虹	1.68	85	息	7.22	131	庭	7.48
40	支，	12.78	86	娘	0.00	132	>0	8.11
41	随	2.04	87	相	0.07	133	造	4.46
42	料	0.00	88	英	38.91	134	四	0.00
43	朋	4.81	89	，	0.00			
44	里	46.10	90	干	14.20			
45	)	19.68	91	古	6.58			
46	背	0.91	92	凭	0.98			

该算法的难点之一为如何判断标点符号（句号、逗号等），从而避免算法造成将标点符号错误归为过分割现象。书中使用的方法为将标点本身的结构特征与其在文本中的位置特征相结合：首先，标点符号的笔画数目大都不超过 2 笔；第二，与所处行的行高比较，标点符号宽度和高度都较小。

3.2.4　性能测试

为了验证本节提出的递归分割方法的有效性，书中提出了以下四个性能指标：

（1）分割效率，即分割总用时与总字数的比值；

（2）初始正确率，初次分割正确的单字字数与总字数的比值；

（3）递归正确率，递归分割正确的单字字数与总字数的比值；

（4）分类正确率，错误分类分割正确的单字字数与总字数的比值。

在性能测试中，递归分割算法统计结果如表 6 所示，实验数据表明：

（1）针对初始分割结果的二次分割方法，无论是递归方法还是错误分类方法，都能有效地提升分割正确率；

（2）其中错误分类方法分割正确率要比递归分割方法更高，但其分割效率比递归方法要低；

（3）从数据 007 中可以看出，两种分割方法对于行高的自适应性很强，可以对中文混排文本进行自适应分割并取得较高的分割正确率。

表 6　基于错误分类的分割算法统计

数据	总字数	分割时间（秒）	分割效率（秒/字）	初始正确率（％）	递归正确率（％）	分类正确率（％）
001	114	12.81	0.11	78.95	85.96	87.72
007	309	48.8	0.16	93.20	94.17	94.50

3.3　基于单字提取结果的自适应可视化方法

在中文数字墨水文本中，单字占有很大比例，包括多种类型，如汉字、标点、数字、字母、英文单词等。中文数字墨水文本中，单字类型的多样性和手写的随意性，使现有自动分割方法难以提供完全正确的分割结果。出现错误分割结果的数字墨水文本将会给后续的对象修改、排版以及识别处理造成很大的困难，在这种情况下，进行人机交互式校正分割结果就显得非常有必要。对于分割结果优化的可视化表示可以大大提高校正效率，从而使用户准确并且快速地认知分割结果。

3.3.1　可视化方法进展

针对数字墨水文本的分割结果，目前已经有大量的可视化方法，包括矩形[76]、连线[77]、颜色[78]、背景[79]等。针对不同的可视化对象，包括单字、文本行及文本段，不同的可视化方法各有优缺点，此外对于不同语言，包括中文、英语及其他语种，不同可视化方法也有不同的显示效果。根据所使用的对象，现有的可视化方法可分为下列四种。

（1）基于包围盒的方法，Zhang[76]在中文数字墨水文档中，使用正放矩形框作为单字、文本行及文本段的包围盒用于对分割结果的可视化表示，这种方法对于排版工整的文档，尤其是对于文本行和文本段这类有着明显间隔的对象来说是不错的可视化方法，但对于字间距较小的单字或者笔画间有重叠和交叉的单字，正放矩形框作为单字包围盒的可视化表示方法往往会造成歧义，降低认知的效率；在以英文文本文档为分割对象时[26]，用斜放矩形框作为包围盒，可视化表示单词、文本行、文本段等分割结果，对于排版不规则的文本来说，可以较好地表示分割结果，但这种方法不能解决笔画有重叠时相邻单字间的分割结果表示问题；Anoop M. Namboodiri等[80]使用了凸包的可视化方法表示英文图像文本（报纸）中行分割的结果，该方法可以较好地解决临近行之间的分割结果表示问题，但对于排版不规则的手写文本，尤其是文本行距不规则或者行与行之间有重叠时，这个方法不能很好地解决分割结果显示的歧义问题。

（2）基于连线的方法，L.Likforman-Sulem等[77]在可视化英文文本的行分割结果时，使用了pathes、strings、baselines三种连线方法来表示行分割结果，都取得了不错的效果，但这种方法无法解决单字可视化时的重叠问题，因此不适用于单字分割结果的可视化。

（3）基于颜色的方法，Yang Li 等[81]在分割混排中英文数字墨水文档时，使用不同的颜色可视化文本和符号等不同类型属性的对象。该方法对于不同类型的对象，可以达到较好的区分效果。但这种方法不适用于连续手写单字分割结果的可视化表示，因为它无法解决笔画连续重合的归属问题。Ajay S.Bhaskarabhatla 等[82]在可视化表示英文数字墨水本文的分割结果时，使用不同颜色可视化文本行的分割结果，但这种方法无法解决单字间笔画连续重合的归属问题。

（4）基于背景的方法，S.Basu 等[79]在分割孟加拉语的手写文本时，使用填充深色背景可视化表示文本行的分割结果，这个方法可以有效地表示文本行的分割结果，但对于单字的分割结果，尤其是单字间有重叠的笔画时，并不适用。

上述四种方法虽然都能针对各自的分割对象实现较好的可视化表示，但现有方法并没有考虑单字邻近和重叠等复杂情况，无法满足汉字为主的中文数字墨水文本的单字提取结果的自适应可视化需要。由于手写的随意性和中文单字本身的特点，单独使用某种可视化方法是不够的。因此，本书提出基于重叠的自适应可视化方法，采用正放矩形、凸包和颜色等来可视化单字，通过重叠来自适应选择不同的可视化表示，从而实现最大化的单字区分。除了提高单字可视化表示的准确性之外，书中还提出了基于结果可信度的可视化方法用来降低用户的认知负担，使用户不但可以准确认知分割结果，同时也可以快速地找出分割的错误进行校正。

3.3.2　基于重叠的自适应可视化方法

由于数字墨水文本中，段与段、行与行之间存在明显的间隔，无论是分割和对其进行可视化都相对简单，因此本书的研究重点是针对单字分割结果的可视化方法。

3.3.2.1　针对单字的可视化表示方法的比较

正如前一节中所提到的，目前针对分割结果的可视化方法已有了大量的成果，针对中文数字墨水文本的单字提取结果，提出一种兼顾效率和性能的可视化方法是本书研究的重点之一。书中设计了一个对比实验，提出了区分准确率、校正效率、计算效率以及绘制效率等四个指标作为评价标准，试验结果如表7所示。

（1）区分准确率，指能够完全区分笔画归属的单字字数与文本总字数的比值，用来评价可视化方法对于表示单字的准确度。

（2）校正效率，指校正时间与文本总字数的比值，用来评价可视化方法对于表示单字时用户的认知负担。

（3）计算效率，指可视化方法的计算时间与文本总字数的比值，用来评价算法本身的时间花费。

（4）绘制效率，指可视化方法的绘制时间与文本总字数的比值，用来评价算法本身的时间花费。

表 7 可视化方法对比

数据	字数	类型	区分准确率(1)(%)	校正时间(秒)	校正字数	校正效率(2)(秒/字)	计算时间(毫秒)	计算效率(3)(毫秒/字)	绘制时间(毫秒)	绘制效率(4)(毫秒/字)
003	64	正放矩形框	96.88	23	2	0.36	46.88	0.73	31.25	0.49
		斜放矩形框	96.88	26	2	0.41	3218.80	50.29	31.25	0.49
		凸包	100.00	13	2	0.20	93.75	1.46	15.63	0.24
001	100	正放矩形框	90.00	57	19	0.57	62.50	0.63	46.88	0.47
		斜放矩形框	90.00	41	18	0.41	7890.6	78.91	46.88	0.47
		凸包	96.00	34	19	0.34	265.63	2.66	109.38	1.09
002	114	正矩形框	92.98	68	33	0.60	109.38	0.96	62.50	0.55
		斜矩形框	89.47	56	33	0.49	3187.50	27.96	46.88	0.41
		凸包	96.49	51	30	0.45	312.50	2.74	93.75	0.82
097	236	正放矩形框	95.76	78	31	0.33	125.00	0.53	78.13	0.33
		斜放矩形框	96.61	84	27	0.36	28516.00	120.83	78.13	0.33
		凸包	97.46	73	25	0.31	546.88	2.32	234.38	0.99

续表

数据	字数	类型	区分准确率(1)(%)	校正时间(秒)	校正字数	校正效率(2)(秒/字)	计算时间(毫秒)	计算效率(3)(毫秒/字)	绘制时间(毫秒)	绘制效率(4)(毫秒/字)
036	285	正矩形框	92.63	201	91	0.71	140.63	0.49	109.38	0.38
		斜矩形框	92.63	142	95	0.50	16000.00	56.14	78.13	0.27
		凸包	98.60	156	91	0.55	562.50	1.97	218.75	0.77
038	251	正放矩形框	94.82	146	83	0.58	109.75	0.44	109.38	0.44
		斜放矩形框	93.23	131	80	0.52	18828.00	75.01	62.50	0.25
		凸包	98.41	143	81	0.57	359.38	1.43	187.50	0.75
119	329	正矩形框	98.18	58	20	0.18	203.13	0.62	156.25	0.47
		斜矩形框	98.18	74	31	0.22	28359	86.20	78.13	0.24
		凸包	98.18	71	25	0.22	609.38	1.85	328.13	1.00

　　分析试验结果表明，凸包的可视化方法区分准确率最高。校正方面，凸包的可视化方法校正单字的用时最少，但校正的字数也最少。从算法的计算效率和绘制效率上看，正放矩形框的算法效率最高。总体来看，无论是表达的准确性（区分准确率），还是时效性（校正效率及计算，绘制时间），正放矩形框的表示方法适合字迹工整且字间距较大的文本，而凸包的表示方法适合字间距较小的文本，然而当单字间距离过小甚至笔画间有重叠时，凸包就无法使用户准确认知单字了。因此，本书提出了使用多种可视化表示的自适应可视化方法。

3.3.2.2　基于重叠的自适应可视化算法

　　通过分析上一小节中的试验数据可知，当单字间距较大时，正放矩形框表示方法在排版上比较整齐，使用户快速认知分割结果；但当单字间距较小时，正放矩形框面积发生重叠时，凸包表示方法可以使用户区分重叠面积中的笔画归属；但当单字间距很小（或笔画有重叠）时，凸包也会出现重叠面积，这时可以使用不同的颜色绘制单字，通过颜色的区分使用户在凸包的重叠面积中认知笔画的归属。由此，本书得到的基本算法思路为：使用正放矩形框表示面积没有重叠，则首选正放矩形框表示；对于面积有重叠的正放矩形框，使用凸包[83]进行表示；如果凸包也出现重叠面积，就使用颜色进行进一步区分。根据以上得出的自适应规则，本书提出的自适应的可视化表示方法具体算法流程如图 29 所示。

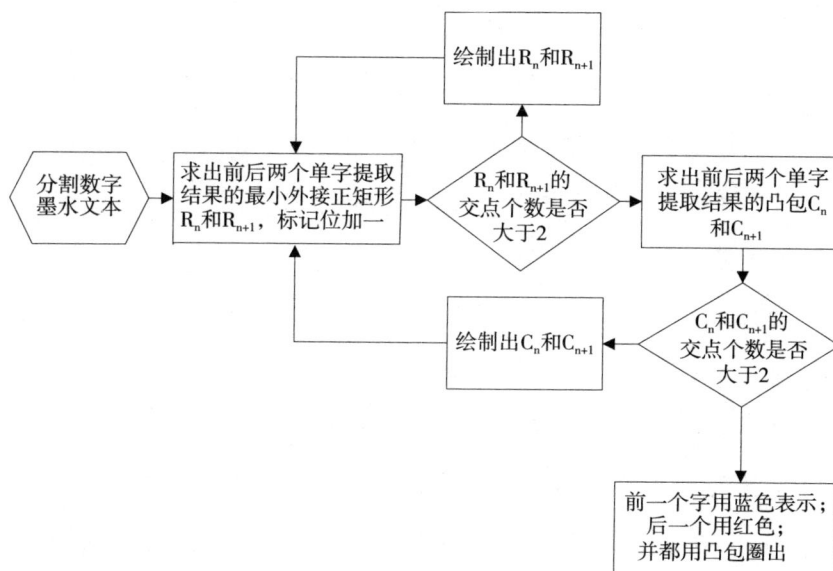

图 29　基于重叠的可视化算法

　　遍历时，由于考虑到会出现连续的重叠面积现象（无论是对于正矩形框或者凸包），而算法是每次检验前后相邻的两个单字提取结果，所以遍历每次标记位加 1（而不是加 2），这样可以保证清晰地区分连续重叠的现象，左图为单独使用不同颜色可视化表示单字提取结果，右图为自适应可视化表示方法的效果图。用户无法从左图的可视化结果中认知单字的提取结果个数，但右图加上包围盒的表示后，用户就能够认知单字提取结果了。

　　为了验证本节算法的有效性，本书提出了以下三个性能指标。

　　（1）区分准确率，指能够完全区分笔画归属的单字字数与文本

59

总字数的比值，用来评价可视化方法对于表示单字的准确度。

（2）计算效率，指可视化方法的计算时间与文本总字数的比值，用来评价算法本身的时间花费。

（3）绘制效率，指可视化方法的绘制时间与文本总字数的比值，用来评价算法本身的时间花费。

通过对6篇不同人书写的数字墨水文本数据进行分割，其可视化的统计表如表8所示。实验数据表明：

（1）基于重叠的可视化方法几乎可以完全解决单字重叠时，提取结果的可视化表示问题；

（2）计算效率和绘制效率都很高，从而表明了该算法的实用性。

表 8　基于重叠的可视化方法统计

数据	字数	区分准确率（%）	计算时间（毫秒）	计算效率（毫秒/字）	绘制时间（毫秒）	绘制效率（毫秒/字）
001(a)	100	100.00	375.00	3.75	109.38	1.09
002(b)	114	100.00	456.13	4.00	93.75	0.82
097(c)	236	100.00	375.00	1.59	140.65	0.60
036(d)	285	100.00	703.13	2.47	171.88	0.60
038(e)	251	100.00	578.50	2.30	203.13	0.81
119(f)	329	99.39	734.38	2.23	109.38	0.33

3.3.3　基于可信度的可视化方法

在数字墨水文本经过自动分割后，往往仍然存在着许多分割错误的情况。其中一些分割错误的单字间没有发生重叠，甚至字间距较小，此时，当使用上一小节中提到的基于重叠的自适应可视化方法时，这些分割错误的单字会以正放矩形框的可视化方法表示，没有进行有效的区分，在人机交互式校正时并没有降低用户的认知负担。然而，分割错误中经常有明显的单字宽高比异常或者笔画过多等现象。针对这些单字，可以依据分割结果的可信度进行可视化表示。

3.3.3.1　可信度评价

在用户校正时需要利用自身的认知能力对每个单字的正误进行区分，使得校正效率大大降低。有三种类型的分割结果可认为可信度较低：单字宽高比过小（疑似过分割错误）、单字宽高比过大（疑似欠分割错误）和单字笔画数过多（疑似错分割）。

（1）当单字的宽高比过小（＜0.5）时，使用自动分割的方法无法区分该单字是出现了过分割错误还是正常的单字，如图30所中虚线框所示。此时用户只有结合上下文语义知识才能分辨，但可认为其为分割正确的单字的可信度较低，将其进行区分表示，引起用户的注意，可明显降低其认知负担。

图 30　疑似过分割错误

（2）当单字的宽高比过大（< 1.5）时，宽高比超出了正常值，但是自动分割的方法无法区分该单字是出现了欠分割错误还是正常的单字。如图 31 中所示，可认为将"凝"分割为正确单字的可信度较低，将其区分表示，引起用户的注意，可明显降低其认知负担。

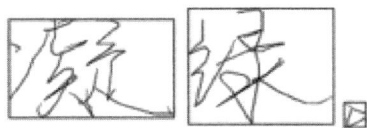

图 31　疑似欠分割错误

（3）错分割的情况往往是只能结合上下文才能分辨，所以自动辨别错分割的情况往往也是很困难的。但常用汉字的平均笔画数为9.17[73]，如图 32 所示，有时错分割的单字会出现笔画数过多（> 10）等情况。这种情形下，可认为其为分割正确的单字的可信度较低，进行区分性表示，可以在人机交互式校正的时候引起用户的注意，降低其认知负担。

图 32　疑似错分割

3.3.3.2　基于可信度的可视化算法

分割结果的自适应可视化是为了降低用户的认知负担，从而使用户快速找到错误或者可信度低的单字，通过自身的语义知识进行辨别，然后对分割错误进行人机交互式校正。其中，当找到可信度低的单字时，采用将单字内所有笔画加粗的可视化方法，可达到引起用户注意的效果，同时也不会与基于重叠的可视化方法发生冲突。该算法的具体步骤为：步骤一，对单字的可信度进行评估；步骤二，若可信度低，则将单字内所有笔画加粗。

当单字的宽高比过小（＜0.5）时，如图 33 所示为基于可信度的可视化方法的效果图。当单字的宽高比过大（＞1.5）时，如图 34 所示为基于可信度的可视化方法的效果图。当单字笔画数过多（＞10）时，如图 35 所示为基于可信度的可视化方法的效果图。

图 33　疑似欠分割错误可视化效果

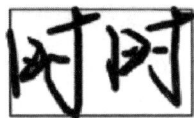

图 34　疑似过分割错误可视化效果

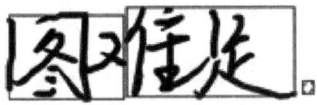

图 35　疑似错分割可视化效果

为了验证本节方法的有效性，本书提出了以下三个评价指标：

（1）区分个数：即区分可视化的单字总个数；

（2）有效区分率，即区分可视化的单字为错误单字的个数与区分个数的比值；

（3）漏查率，即未被区分可视化的单字为错误单字的个数与错误单字总个数的比值。

通过对 6 篇不同数字墨水文本数据进行分割，如表 9 基于可信度的可视化方法统计表所示，结果表明：

（1）基于可信度的可视化方法有效区分率并不高，漏查率较高；

（2）漏查率与分割正确率成反比例线性变化；

（3）该方法有效区分率虽然不高，但被试用户反馈当校正分割错误时该方法是有效的。

表 9　基于可信度的可视化方法统计

数据	字数	区分个数	有效区分率	漏查率
001(a)	100	22	36.36%	57.89%
002(b)	114	41	17.07%	56.25%
097(c)	236	77	15.58%	47.83%
036(d)	285	38	28.95%	72.50%
038(e)	251	31	35.48%	73.81%
119(f)	329	123	19.51%	31.43%

3.4　针对单字提取结果的交互式校正方法

由于手写数据的随意性，自动分割达不到完全正确的结果。而后续的识别往往需要完全正确的结果。因此，在识别前需要用户进行交互式校正。由于段与段、行与行之间存在较明显的间隔，本书的研究重点为针对单字提取结果的交互式校正方法。

针对中文数字墨水文本的单字提取结果进行交互式校正，是指通过不同的手势将分割结果中的多个单字合并或者将一个单字分割为多个单字。由于分割结果的可视化以及相应交互式校正方法没有引起重视，所以相关研究很少。但在一些研究分割问题的论文中仍然有一些方法值得借鉴，其中 Zhang[76] 用手势对分割错误进行人工校正，除了可以校正单字外，还可以对文本行、文本段进行交互式校正。该方法有两点不足：第一，虽然它是基于可视化结果进行校正，但其可视化方法本身只有正方矩形框表示单字提取结果，当可视化结果出现重叠时会给用户增加视觉负担；第二，该校正方法需要精确到笔画数据进行交互，但由于交互设备本身的限制，校正手势有时很难精确到笔画数据，从而影响交互式校正的效率。本书提出了两种新的交互式校正思路：

（1）基于分割结果的自适应可视化的交互式校正，利用用于可视化表示的图形（矩形框、凸包等）作为参考对象对交互式校正方法进行辅助；

（2）基于用户意图的交互式校正，方法中尽量符合用户手势习惯，通过手势分析用户意图，无须精确到具体笔画就可以进行校正。

3.4.1　基于可视化结果的交互式校正

单字的分割结果根据其重叠情况分别使用了正放矩形框、凸包以及不同颜色进行绘制，如图 36 所示。当用户根据这样的可视化结果进行交互式校正时，这些用于可视化的图形可以作为参考对象起到辅助作用。校正的方法是使用手势进行交互式校正，但对于不同的图形操作略有不同。

图36 "重叠"情况下的可视化结果

（1）正放矩形框，当手势（图示为红线）连接相邻矩形框时，算法将矩形框中的所有笔画合并为一个单字，手势不需要与笔画发生交叉重叠，如图37中（a）图所示；当手势（图示为红线）切分矩形框时，算法将切面左右两边的笔画切分成两个单字，如图37中（b）图所示。

（a） （b）

图37 正放矩形框辅助校正方法

（2）凸包，当手势连接相邻的多个凸包时，算法将凸包中的所有笔画合并为一个单字，如图38中（a）图所示；当手势切分凸包时，算法将切面左右两边的笔画切分成两个单字，如图38中（b）图所示。

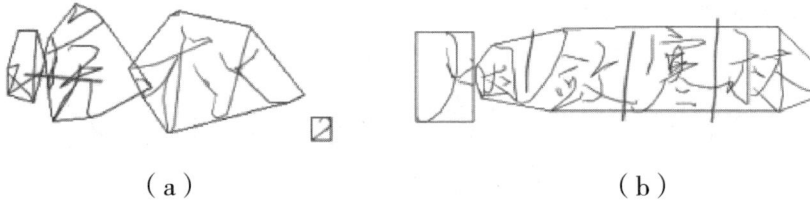

（a）　　　　　　　　　　　　（b）

图 38　凸包辅助校正方法

　　校正方法并不限制手势类型（横、竖），而是允许用户根据具体的分割情况进行校正。方法根据手势与可视化图形的位置关系自动辨别使用合并还是切分算法进行交互式校正。具体算法流程如图 39 所示。

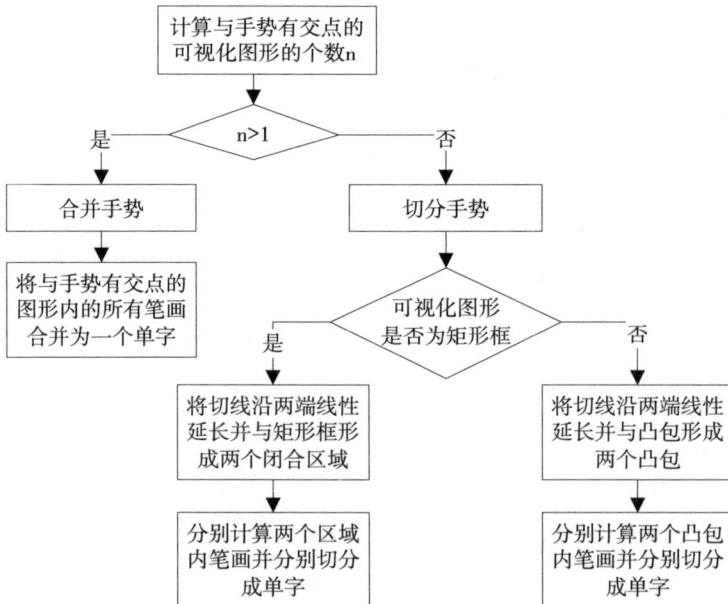

图 39　基于可视化图形的交互式校正算法流程

3.4.2　基于用户意图的交互式校正

用户在使用手势进行交互式校正时，往往使用不同的交互设备，如手写板、平板电脑以及鼠标等，由于交互设备本身的限制，使用的手势很难做到绝对水平或者垂直，其操作往往是简单而随意的，同时用户也不会希望对分割结果进行精确到笔画的校正，这样既费时又费力。因此，通过简单的手势分析用户的意图，从而自动进行校正的方法就显得简便有效。

对于交互式校正分割结果中的单字而言，需要分析的用户意图有两点：

第一，手势是要进行合并单字还是切分单字，这在上一小节的方法中已有阐述，即通过计算与手势有交点的可视化图形个数 n，若 n 大于 1 则为合并手势，否则为切分手势。

第二，如何合并或者切分。合并算法相对容易，只要将与手势有交点的图形内的笔画全部合并为单字。切分算法是校正方法中的难点，也是最能体现用户意图的算法。在切分算法中，当切线左右的笔画间隔较大时，只需分别将两边的笔画提取为单字即可，如图 40 所示；当切线左右的笔画间隔较小甚至有重叠或者切线与笔画有交点时，就需要分析用户的切分意图。如图 41 所示蓝色虚线为切分手势的轨迹，手势与一个笔画有交点，此时用户的意图显然是要将这个多余的笔画从该单字中移除出去。又如图 42 所示，由于笔画间隔较小，切分手势与多个笔画产生交点，然而此时用户的意图显然就是要将"衰"与"草"进行切分。

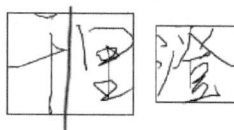

图 40　切分笔画间隔较大

图 41　手势与笔画有交点

图 42　手势与笔画有多个交点

根据以上所述的情况，本书提出了利用笔画中心点与手势相对位置关系分析切分手势的用户意图，具体算法为：计算与手势有交点的笔画的中心点位置，若中心点位于手势的左侧则将其与左侧其他笔画合并为单字，剩下的右侧笔画合并为单字；若中心点位于手势的右侧则将其与右侧其他笔画合并为单字，剩下的左侧笔画合并为单字。该方法的具体算法流程如图 43 所示。

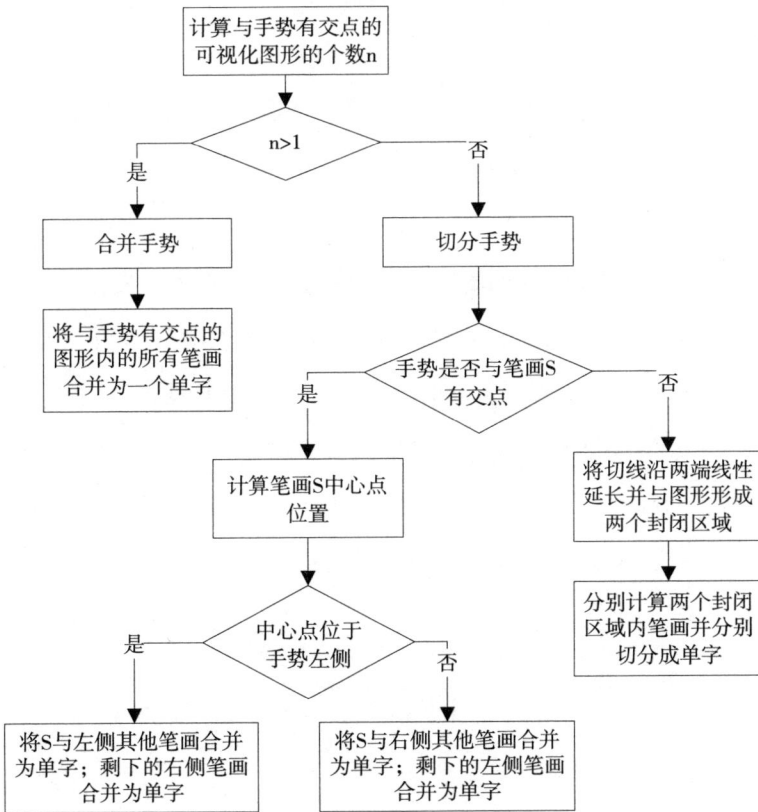

图 43　基于用户意图的交互式校正算法流程

3.4.3　性能测试

为了验证本章算法的有效性，本书提出了以下四个评价指标：

（1）校正手势的笔画数，即用户总共花费多少笔将单字提取结果完全校正正确，用来评价校正方法的便捷性；

（2）校正的字数，即单字提取结果出现错误需要校正的总字数，用来评价校正难度；

（3）总字数，即数字墨水文本的总字数，用来评价校正工作量；

（4）校正时间，即用户完全校正整篇单字提取结果所用时间，用来评价校正时间。

本书对 6 篇不同数字墨水文本数据进行了交互式校正，如表 10 交互方法统计表所示，其中"校正字数""手势数""校正时间"值均为 30 个被试用户得到数据的平均值。实验数据表明：

（1）交互手势数与校正的字数基本一致，即一笔校正一个单字，表明校正方法简洁有效；

（2）校正时间与墨水文本长度成正比。

表 10　交互方法统计

数据	总字数	校正字数	手势数	校正时间（秒）
001(a)	117	25	23	73.53
002(b)	142	33	32	104.27
097(c)	250	27	26	129.09
036(d)	337	82	81	284.81
038(e)	300	68	66	251.53
119(f)	334	31	32	164.52

3.5　本章小结

在数字墨水计算技术中，墨水的分割技术是其结构化的基础，是后续的结构化编辑和识别的必须环节。在中文数字墨水文本的分割中，由于文本行和文本段之间都有天然的间隔，分割处理中对于行提取和段提取相对容易。本书将研究重点放在单字提取上，研究了单字提取方法、单字提取结果的可视化方法以及针对提取结果的交互式校正方法。

第四章　基于书写层次模型的手写汉字识别方法

外国留学生，尤其在初学阶段（掌握 600 词以下）[84]，对汉字的认知水平较低，汉字的结构信息掌握得不准确，书写的汉字会出现多种笔画、部件错误。因此，针对留学生的手写汉字识别需要从其最熟悉的笔画[3]（如图 44 所示）出发，以部件结构分类信息为辅助信息，根据笔画识别结果所构成的书写层次进行识别。

	笔画	名称	例字		笔画	名称	例字		笔画	名称	例字
1	㇐	横	大	11	㇖	横钩	你	21	㇁	弯钩	了
2	㇑	竖	十	12	㇟	竖弯钩	元	22	㇈	横折弯钩	九
3	㇒	撇	八	13	㇜	撇折	去	23	㇄	竖弯	四
4	㇔	点	主	14	㇙	竖提	良	24	㇍	横折弯	没
5	㇕	横折	口	15	㇗	竖折	山	25	㇡	横折折折钩	仍
6	㇏	捺	人	16	㇛	撇点	女	26	㇠	横斜钩	風
7	㇀	提	地	17	㇉	竖折折钩	弟	27	㇋	横折折撇	及
8	㇆	横折钩	月	18	㇂	斜钩	我	28	ㄣ	竖折撇	专
9	㇚	竖钩	小	19	㇌	横撇弯钩	那	29	㇞	竖折折	鼎
10	㇇	横撇	水	20	㇊	横折提	课	30	㇅	横折折	凹
								31	㇎	横折折折	凸

图 44　汉字笔画名称表

由此，本书提出了通过建立书写层次模型对汉字本身的书写信息和结构特征进行挖掘，在样本集有限的情况下基于层次模型对留学生手写汉字进行识别。

本章的内容安排如下：首先，提出一种基于书写信息和汉字结构特征的书写层次模型；其次，介绍不同层次的模型提取方法；再次，根据所提的书写层次模型给出一种手写汉字识别方法；复次，本书设计了三个实验，验证了所提方法的有效性；最后，给出了本章内容的小结。

4.1 基于笔画名称和整字结构的识别方法

汉字的基本部件包括独体字、偏旁部首及其他不成字的部件，汉字由多个笔画组合变化而来。独体字和偏旁部首的种类超过了500 个，对于初级汉语水平的留学生而言，其对汉字结构的分解能力是一个逐步发展的过程，总体水平较低。具体说来，受汉字知觉分解难度的影响，左右结构、上下结构分解得快，其他结构次之[85]（如图 45 所示），因此适合作为书写特征的辅助信息。

图 45 部件结构出现书写错误的汉字演示

　　笔画名称序列是由汉字中全部笔画名称所构成的，如"吧"，由"竖→横折→横→横折→竖→横→竖弯钩"构成，常见汉字的笔画数为九画左右[86]，它提供了学习者完整的汉字书写路径。对于学习者的书写汉字，尤其是摹写汉字的识别，有很重要的指导意义。笔画字符序列依赖于汉字笔顺的正确书写，而留学生经常出现笔顺错误，所以在建模时要改变对序列的顺序遍历，以减轻对笔顺的线性依赖。

　　根据上述的书写层次模型，留学生手写汉字的识别方法的总体流程是先对书写字 C_s 的每个笔画使用分类器进行提取识别，组成笔画名称序列 S(n)；同时对汉字部件结构 C_a 使用中心线标准差进行分类，从而对字库 L 进行遍历筛选；再对筛选库 $L(C_a)$ 中所在结构中的笔画名称序列 S(n) 进行遍历；最后给出识别结果，具体算法流程如图 46 所示。

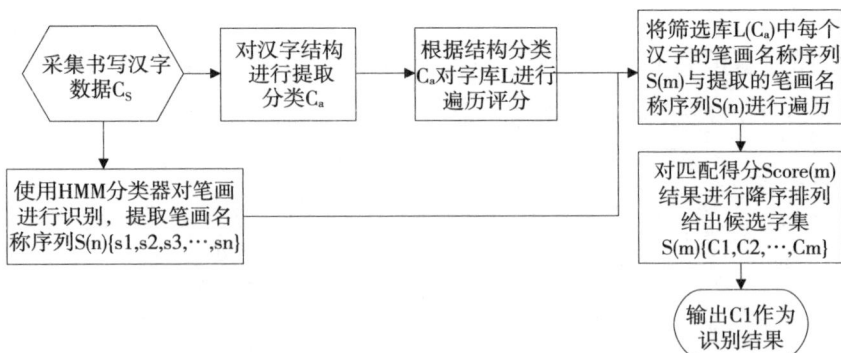

图 46　识别总体方法

76

模板字库使用北京语言大学制作的汉字骨架信息库[64]，包含3075 个常用汉字，其中包含了每个汉字的部件结构及笔画名称序列信息。基于此，本书使用提取的部件结构分类 C_a 及笔画名称序列进行遍历评分。由于学习者书写汉字的随意性，遍历匹配不能简单的使用字符串匹配方法，需要考虑笔画名称序列中笔画顺序的不确定性等因素，因此使用加权匹配的方法，以此提高算法的鲁棒性。

4.2 部件结构的分类

本书对于部件结构的分类简化为左右、上下及其他。由于汉字的部件是由多个笔画组合变化而成，所以本书采用汉字中所有笔画的中心点作为分类的参考标准，演示如图 47 所示。

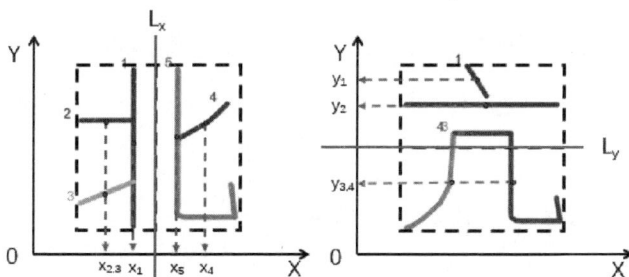

图 47 中心线部件分类示意

具体为：首先计算汉字包围盒的水平中分线 L_y 和垂直中分线

L_x，然后将每笔中心点 $Center(n)$（n 为笔画序号）的水平投影值 y_n 与 L_y 计算其标准差以及垂直投影值 x_n 与 L_x 计算其标准差，最后将标准差值之和 $\Sigma(y)$ 与 $\Sigma(x)$ 进行比较，若 $\Sigma(y)$ 大于 $\Sigma(x)$ 则该汉字为"上下"结构，若 $\Sigma(y)$ 小于 $\Sigma(x)$ 则该汉字为"上下"结构，若 $\Sigma(y)$ 与 $\Sigma(x)$ 小于阈值范围，则为"其他"结构。具体流程如图 48 所示。

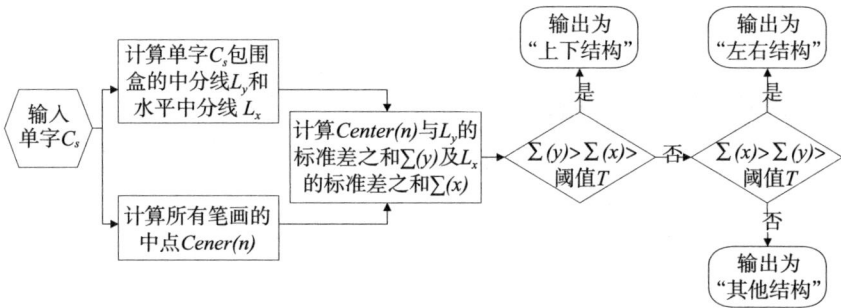

图 48　部件结构分类流程

本书方法对部件结构进行评分，通过部件结构分类方法得到汉字部件结构 C_a，根据 C_a 对字库 L 进行初步筛选，得到候选字库。

4.3　基于 HMM 的笔画识别

对于数字墨水汉字的笔画识别，首先需要对分类器进行训练，即根据训练集中的输入笔画数据及标记分类"笔画种类"，训练得到最优模型参数的分类器。然后，依据此分类器对数字墨水的笔画数据进行识别，给出分类结果。

4.3.1　HMM 分类器的训练

由于对序列数据具有较好的建模效果，本书采用隐马尔可夫模型对笔画进行识别。根据数字墨水笔画数据的特点，训练隐马尔可夫模型的初始参数设置如下：

- 可见状态 O：笔画中的采样点坐标 (x,y)。

- 模型 Class：31 种笔画种类，如图 44 所示。

- 隐藏状态 S：笔画中采样点坐标所构成的 8 种方向线特征[41]，如图 49 所示。其中，Class1 "横" 可描述为 S3，S3，……S3，如图 50 所示。

- 训练样木：7931 份数字墨水汉字样本数据，笔画样本数超过 4 万份。

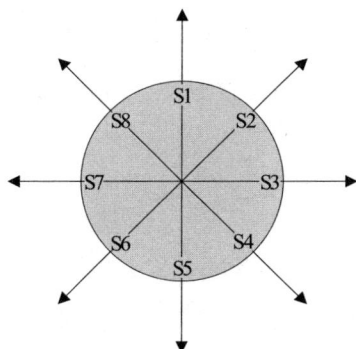

图 49　笔画方向线

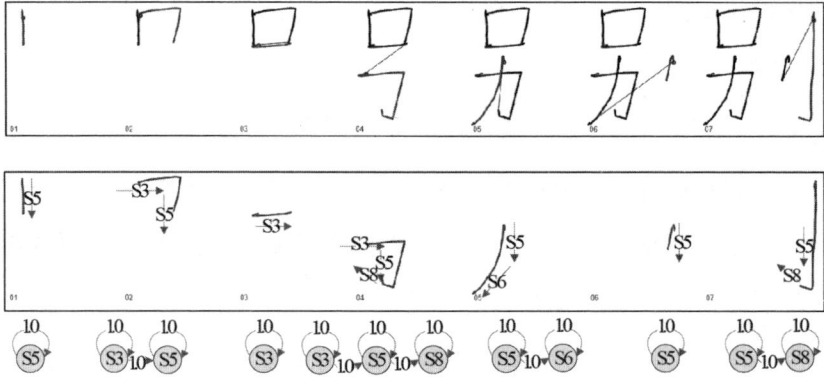

图 50　状态转移

根据初始参数设置，本书对 HMM 分类器进行训练，实际是用最大似然估计法对模型 $\lambda=(A,B,\pi)$ 进行估算，使得可见序列概率 $P(O|\lambda)$ 最大。其中，转移概率 $A=[\alpha_{ij}]$，$\alpha_{ij}=P(S_{t+1}=j|S_t=i)$ 即在 t 时刻从隐藏状态 i 到隐藏状态 j 的转移概率，本书中即为不同方向线特征 S 的转移概率；可见概率 $b_j(k)=P(O_t=k|S_t=j)$ 即在 t 时刻隐藏状态为 j 时，可见状态 k 的概率，本书中即在 t 时刻出现方向特征 S 时，采样点为 (x,y) 的概率。初始状态概率 $\pi_i=P(S_{t1}=i)$，即初始时刻隐藏状态为 i 时的概率。

由于输入数据为以二元坐标值为单元的点序列，因此分类器选用前向序列拓扑结构，使用 Baum−Welch 算法 [87] 对基于任意密度模型的隐马尔可夫模型进行训练，为了提高准确性，使用对数概率执行所有计算，训练迭代次数初始值设置为 1000 次，当容忍度（即

80

用于检测收敛的算法迭代后平均对数似然的最大变化）为 0.01 时，终止迭代；其中，训练样本使用 7931 份留学生书写的数字墨水汉字数据，全部笔画数的数量超过 4 万；选取 100 份汉字中的笔画数据作为测试样本，约为训练数据的八分之一，得到分类正确率为 88.4%，召回率为 98.87% 的分类器。具体结果如表 11 所示。

表 11　HMM 分类器训练数据

训练样本	迭代次数	测试样本	容忍度	正确率	召回率
7931	1000	100	0.01	88.40%	98.87%

4.3.2　汉字中笔画的识别

在完成 HMM 分类器的训练后，本书对数字墨水汉字中的笔画使用 HMM 分类器进行识别。首先载入已经训练好的 HMM 分类器 $\lambda=(A,B,\pi)$，以待识别的笔画采样点为可见状态，将其组成的笔画，即可见状态序列在 31 个隐马尔可夫模型中，分别以 Viterbi 算法[88] 计算模型生成可见状态序列的概率，如表 12 所示为图 50 中的示例汉字"别"中 7 个笔画分别载入 HMM 分类器中，每个模型计算得到的对数概率（为便于显示转换为幂指数的科学计数法），选择最大值为其对应的识别类别。

表 12 "别"笔画在 HMM 中的概率计算

HMM	O1	O2	O3	O4	O5	O6	O7
横	3.88E-22	1.94E-09	2.26E-10	2.44E-20	2.85E-73	1.58E-43	1.62E-66
竖	4.44E-10	1.80E-37	1.83E-65	8.18E-20	2.26E-33	7.91E-17	9.94E-24
撇	0.00E+00	1.15E-302	1.84E-144	0.00E+00	2.70E-05	2.30E-55	1.49E-62
点	1.49E-58	6.45E-186	0.00E+00	2.98E-203	0.00E+00	0.00E+00	0.00E+00
横折	2.77E-48	1.49E-06	2.13E-115	5.56E-44	4.94E-324	3.73E-216	0.00E+00
捺	1.54E-81	5.92E-195	2.26E-312	5.04E-163	0.00E+00	0.00E+00	0.00E+00
提	0.00E+00	0.00E+00	1.36E-135	0.00E+00	2.66E-140	1.66E-125	0.00E+00
横折钩	1.68E-24	3.07E-59	1.69E-124	1.35E-17	2.53E-55	1.00E-44	8.33E-53
竖钩	1.24E-14	1.30E-75	2.48E-132	7.22E-47	3.94E-64	6.70E-57	1.12E-18
横撇	1.91E-36	4.57E-13	1.38E-35	1.54E-19	3.67E-56	4.67E-47	1.31E-86
横钩	6.67E-19	2.77E-17	5.16E-32	1.77E-30	1.27E-124	1.71E-59	3.70E-125
竖弯钩	3.44E-240	0.00E+00	1.24E-182	8.96E-194	0.00E+00	2.68E-169	0.00E+00
撇折	2.26E-90	3.34E-120	4.21E-84	9.84E-114	3.15E-104	6.62E-52	6.31E-77
竖提	4.14E-46	7.58E-107	7.39E-98	3.69E-78	5.33E-129	8.75E-59	3.64E-56
竖折	2.70E-104	7.27E-77	5.23E-51	2.76E-51	1.17E-245	8.54E-273	2.54E-199
撇点	2.06E-91	1.96E-157	6.32E-220	3.85E-146	0.00E+00	1.35E-117	4.40E-247

续表

HMM	O1	O2	O3	O4	O5	O6	O7
横折弯钩	2.37E−79	1.03E−87	1.85E−193	1.80E−90	2.47E−276	1.98E−97	2.30E−168
斜钩	1.57E−56	3.62E−115	1.32E−161	1.39E−75	0.00E+00	1.38E−276	0.00E+00
横撇弯钩	2.24E−52	8.50E−88	1.50E−284	1.24E−40	1.64E−79	3.67E−96	1.50E−100
横折提	2.22E−55	1.07E−78	1.27E−251	2.37E−91	2.53E−138	2.92E−151	6.46E−143
弯钩	4.68E−13	4.55E−37	1.76E−76	1.57E−30	1.76E−31	3.65E−21	9.60E−27
竖弯	1.32E−275	0.00E+00	1.25E−258	5.57E−238	0.00E+00	0.00E+00	0.00E+00
横折弯	2.88E−82	4.42E−126	0.00E+00	3.55E−163	0.00E+00	1.69E−315	3.94E−275
横折折折钩	7.31E−48	1.79E−96	3.41E−170	1.81E−76	3.03E−157	4.40E−150	5.34E−118
横斜钩	6.37E−38	5.04E−52	4.09E−162	1.26E−53	1.11E−219	1.37E−142	3.77E−193
横折折撇	1.11E−29	2.61E−69	6.41E−125	6.51E−37	4.58E−55	4.81E−63	8.40E−34
竖折撇	5.20E−75	7.53E−105	7.61E−93	1.75E−65	2.07E−145	3.40E−84	4.22E−118
竖折折	1.06E−38	2.26E−31	5.39E−171	1.00E−25	0.00E+00	2.81E−186	0.00E+00
横折折	8.01E−42	6.52E−178	1.16E−282	4.53E−102	1.70E−162	4.20E−125	1.66E−76
横折折折	2.32E−38	7.66E−129	5.14E−229	2.34E−83	4.49E−264	6.25E−176	2.84E−216
竖折折钩	1.14E−68	1.38E−93	8.84E−118	3.83E−53	2.19E−321	2.55E−257	3.48E−296

　　对于数字墨水的笔画名称序列的提取，根据笔画在数字墨水汉字内的时序笔画信息得到。具体来说，就是将书写层次模型中的第一层的笔画 S_n（ n 为汉字中的笔画个数）的识别结果，即笔画"名称"的字符 $S(i)$（ $i=1,2,3,\cdots,n$ ），按照其在汉字书写中的时间顺序连接成字符串，从而将构成整字的笔画字符序列 $S(n)$，如图 51 所示。

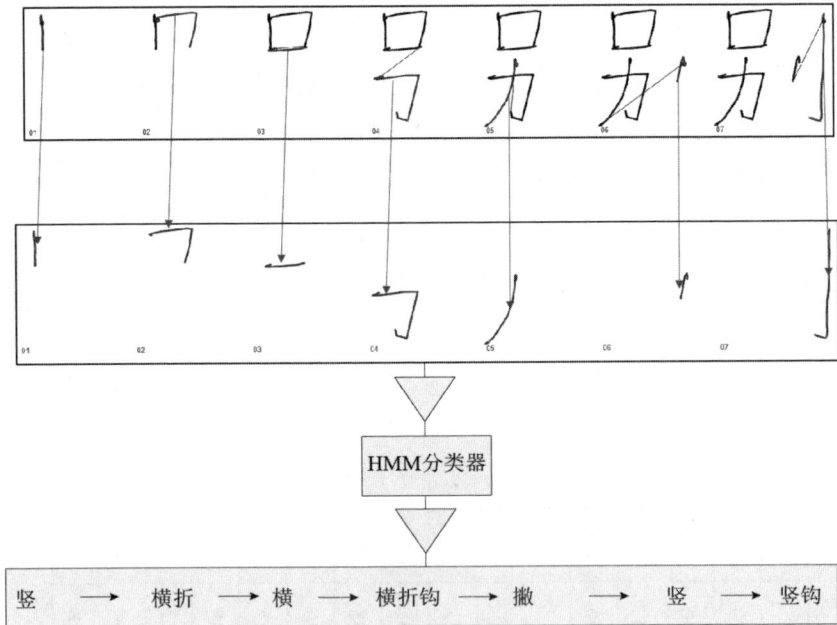

图 51　笔画识别演示

4.3.3　基于笔画名称序列的筛选

　　根据书写字笔画名称序列 $S(n)$，对 Ca 初选后的字库的笔画名称

84

序列 S(m) 进行遍历评分，其中若 n=m，即书写字笔画与笔顺相同的模板字笔画相同，则得 10 分；若笔画名称相同但笔顺不同，则得 1 分，以解决笔顺错误问题。若 n 不等于 m，则判断书写字笔画名称序列中是否包含模板字笔画，以解决拆笔、连笔等错误；最后将候选字 L(m) 得分降序排序，给出候选字，具体流程如图 52 所示。

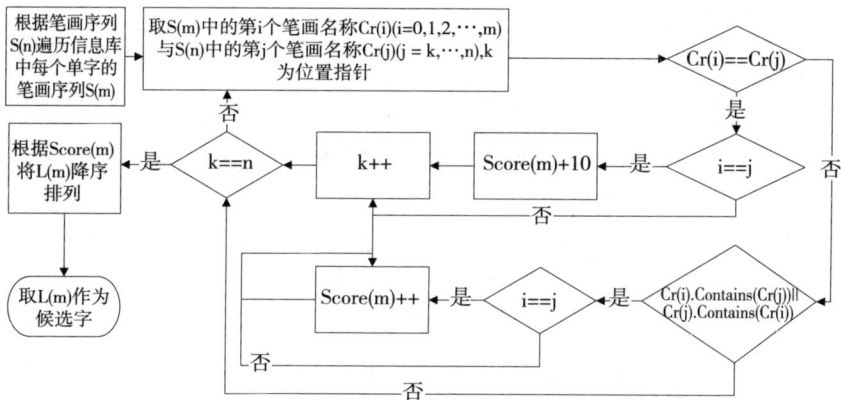

图 52 笔画名称序列的遍历算法

4.4 实验结果

为了评估所提方法的性能，本书设计了三个实验，分别为根据汉字笔画数进行分类、根据部件结构进行分类以及根据书写错误类型进行分类的测试。实验平台采用 Accord.NET 开发包[89]搭建，测试系统在一台 Inter Corei7 处理器和 16G 内存的 PC 机进行。识别结果演示如图 53 所示。

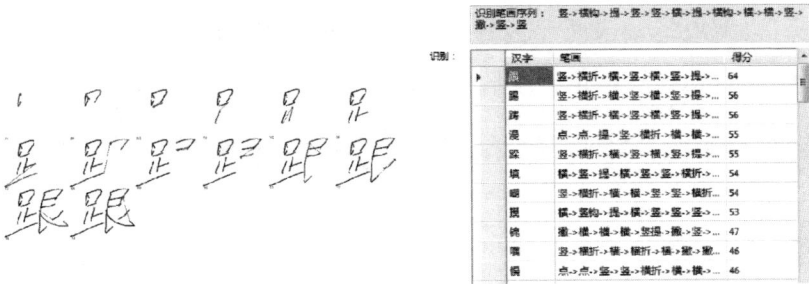

（a）汉字分解笔画示意图　　　　　（b）识别结果

图 53　识别结果演示

4.4.1　根据汉字笔画数分类

首先，本书根据汉字内笔画数量对数据进行分类，以测试本书方法对于不同书写复杂度的汉字的性能。为了评估精度和时间复杂度，采用以下测试指标：汉字内的笔画数 NS_C、汉字字形的种类 NC_K、汉字样本数 NC、书写正确率 CW、识别准确率 CR 及时间消耗 TC，具体实验结果如表 13 所示。

表 13　根据汉字笔画数分类的实验结果

NS$_C$	NC$_K$	NC	CW	CR	TC（毫秒）
1~3	39	2841	96.67%	72.73%	75
4~6	154	9728	87.88%	86.56%	83
7~9	189	4494	82.76%	92.55%	223
10~12	92	1960	58.33%	85.74%	254
13+	41	792	44.44%	65.56%	251

　　实验数据采自初级水平汉语的留学生，汉字笔画个数较少（1~3画）的字形 NC$_K$ 和汉字笔画个数较多（13 画以上）的字形的种类较少，其余均为 100 个字形以上，平均字例为 60 个以上，数据分布符合留学生的学习情况。

　　从表 13 可见，汉字识别率 CR 随着汉字笔画个数 NS$_C$ 的增加而不断提高，到 7~9 画的汉字识别率最高达到 92% 以上，之后开始下降。汉字的书写正确率 CW 从最高值 96.67%，随着汉字内笔画个数的增加持续下降，至 13 画及以上的字例的平均书写正确率为44.44%，说明随着汉字内笔画个数的增加，书写难度不断加大，这符合初级汉语水平留学生的学习特点。算法的时间消耗均为毫秒级，执行效率较好。

　　从不同笔画数的汉字识别结果分析，当汉字笔画个数较少（1~3画）时，汉字部件结构简单，书写层次信息作用并不明显，笔画信息及其识别率（如表 11 所示）在所提方法的汉字识别率上起关键作用。然而，随着汉字笔画个数的增加，汉字的书写层次信息逐渐丰富，部件结构信息和笔画名称序列信息的作用逐渐显现，汉字识别正确率也随之提高。当汉字内笔画个数超过 10 画后，汉字的合体结构和笔画间的组合关系复杂程度累积增加，书写正确率 CW 明显下降，说明对于初级水平的留学生来说，汉字的书写难度显著加大，而平均不到 50% 的书写正确率也使汉字识别率有所下降；而汉字识别率仍然明显高于书写正确率，说明方法对于书写错误的汉字仍然是有效的。

4.4.2　根据不同部件结构分类

在本书所提出的识别方法中，部件组合结构的分类方法是针对初级汉语水平的留学生的书写特点而设计的。为了检验方法对于留学生书写的不同部件组合结构汉字的有效性，本书对样本汉字进行分类实验。汉字样本包括左右结构、上下结构及其他结构，实验采用以下测试指标：汉字的部件组合结构分类 SC、汉字字形的种类 NC_K、汉字样本数 NC、识别准确率 CR 及时间消耗 TC，具体实验结果如表 14 所示。

表 14 不同部件结构的分类实验结果

SC	NC	NC_K	CR	TC（毫秒）
左右	4483	219	84.21%	167
上下	6061	155	87.88%	172
其他	9271	141	69.23%	183

实验数据共有 19000 余份初级汉语水平的留学生书写的汉字，其中左右结构的汉字占 22.62%，上下结构的汉字占 30.59%，其他结构占 46.78%；而左右结构的字例占 40.93%，上下结构的字例占 28.97%，其他结构占 30.09%。可见，左右和上下结构在初级汉语水平的留学生的识字系统中所占比重更大，方法的分类具有较好的代表性。

从表 14 中的识别正确率 CR 分析来看，由于层次信息中可区分左右和上下结构，所以此两类部件结构的汉字识别率较高；而其他部件结构因无法提供准确的部件结构信息，所以在整体的书写层次模型中无法提供更多的部件分类信息，因而识别率不高。当然，其识别率不高的原因也包含了留学生对于左右和上下结构的汉字的分解能力更高，对其他结构的分解能力相对较差，书写正确率较低也较大程度上影响了其汉字识别的准确率。

4.4.3 根据笔画错误类型分类

在初级汉语水平的留学生的数字墨水数据中存在相当数量的书写错误，包括全局错误中的少笔、多笔、连笔、拆笔、笔顺和笔向错误以及局部错误中的余笔和残笔，其中还不包括书写质量不佳、不规范的书写。为验证方法的鲁棒性，本书针对常见的书写错误设计了一个定量实验，旨在测试识别方法对于书写错误的汉字的有效性，为下一步算法的优化提供依据。

实验将初级汉语水平的留学生书写的3000余份存在书写错误的数字墨水数据进行分类，值得注意的是，实验中一个样本中会出现多个错误类型，如一个错误汉字既有拆笔也有笔顺错误，因此统计上的错误样本会比汉字样本数量多。在考察了前10个识别候选字后发现，入选的正确率Top10均有大幅提升。此外，为了更好地验证识别方法的性能，本书还对照实验了另外两种识别系统：华南理工大学人机智能交互实验室提出的SCUT gPen[90] 和搜狗手写输入系统[91]。具体实验结果如表15所示。

表 15　不同书写错误类型的分类实验结果

错误类型		NC_K	NC	CR	Top10	SCUT gPen	Sogou
全局	少笔	195	485	28.44%	75.51%	47.63%	59.18%
	多笔	198	410	26.61%	71.96%	63.41%	77.80%
	连笔	359	808	20.56%	63.51%	45.29%	95.30%
	拆笔	166	578	15.96%	65.11%	86.51%	83.05%
	笔顺	421	2272	43.03%	79.64%	22.49%	57.21%
	笔向	235	500	45.65%	83.56%	18.20%	19.80%
局部	余笔	253	658	23.05%	66.79%	92.71%	91.19%
	残笔	105	209	22.97%	66.03%	90.91%	96.17%

从实验结果可见，存在笔顺和笔向错误的汉字识别率较高于存在其他错误的汉字识别率，可见笔画结构的改变对识别率造成了较大的影响。其中，连笔和拆笔错误的汉字识别率较低，这是由于其笔画本身的结构信息被改变，造成笔画识别，即第一层书写信息的错误，使得产生的错误信息量较其他错误更多。在候选字入选率方面，入选率较识别率都有较大幅度提升，可见本书方法的研究思路是有效的，在未来工作中将进一步优化笔画名称序列的评分算法以及笔画分类器，从而继续提高汉字的识别正确率。

从同类识别系统对比实验结果中看到，SCUT gPen 和搜狗输入法在一般笔画错误的汉字识别方面优于本书方法，但在留学生更容易出现错误的笔向和笔顺错误方面，识别率明显低于本书方法。可见，本书识别方法对于特定数据集的汉字识别是有效的。

4.5　基于 HCRF 的笔画识别的改进方法

在基于书写层次信息的汉字识别方法中，基于 HMM 的模型虽然对于留学生书写的汉字取得了较好的识别率，但由于 HMM 作为生成模型自身的局限性，识别率有限。因此，可以使用隐条件随机场（HCRF）来改进书写层次信息模型，以提高识别率。

4.5.1　HCRF 分类器的训练

HCRF 是 HMM 分类器的生成模型，因此可以在模型中使用任何离散的、连续的甚至混合的特征函数。这使 HCRF 可以复制任何 Markov 模型，甚至是连续模型。由于线性链的 HCRF 和 HMM 分类器共享相同的结构和参数，所以可以始终使用上文中 HMM 的参数来初始化 HCRF。也就是说在 HMM 模型训练完成后，其概率模型可以初始化 HCRF 分类器。在完成初始化后，使用弹性反向传播算法对分类器进行训练，当然也可以用标准随机梯度下降或者其他优化算法。经实际测试，弹性反向传播算法为此应用的最优算法。具体训练参数如表 16 所示。

表 16　具体训练参数对比

分类器	输出状态	训练样本	隐藏状态	迭代次数	容忍度	正确率	召回率
HCRF	31	7931	8	100	0.01	96.29%	99.47%
HMM	31	7931	8	1000	0.01	88.40%	98.87%

4.5.2　HCRF 分类器的实验结果

本书依然根据汉字内笔画数量对同样的实验数据进行分类，以测试本书方法对于不同书写复杂度的汉字的性能。为了评估精度和时间复杂度，我们采用以下测试指标：汉字内的笔画数 NS_C、汉字字形的种类 NC_K、汉字样本数 NC、书写正确率 CW、识别准确率 CR 及时间消耗 TC，具体实验结果如表 17 所示。

表 17　HCRF 分类器识别率与时间消耗

NS_C	NC_K	NC	CW	CR	TC（毫秒）
1~3	39	2841	96.67%	79.20%	78
4~6	154	9728	87.88%	94.29%	93
7~9	189	4494	82.76%	97.91%	267
10~12	112	1960	58.33%	93.42%	284
13+	41	792	44.44%	71.34%	280

从上表中可以看出，识别准确率随着笔画数的增加而递增，直到 7~9 画达到最大值，随后递减。当汉字笔画数较少（1~3 画）时，其部件结构相对简单，说明汉字中每个笔画的识别结果在整字的识别率占较重要的地位而书写层次模型作用并不十分明显；而随着笔画数的增加，书写层次信息逐渐发挥作用进一步提高识别率；然而，汉字的复杂度也随着笔画数的增加而增加，书写的难度也随之不断加大，导致书写准确率下降，也会影响到整字识别率。

4.6　本章小结

本章主要提出了一种基于留学生书写层次信息的汉字识别方法，方法首先提出了基于笔画名称和整字结构的识别方法的总体流程，然后分别给出了部件结构分类的方法和基于隐马尔可夫模型的笔画识别方法，并根据时序信息将识别结果提取为笔画名称序列。然后，本方法根据提取的书写层次模型在模板字库中进行遍历，选出识别备选字。所提识别方法的验证实验分别从汉字笔画数、部件结构分类和不同书写错误类型对留学生书写数据进行了实验，实验结果表明对于留学生的实际手写数据的平均识别率为90%以上，对于部分书写错误的汉字识别率要优于现有主流方法。此外，文中还给出了另一种基于隐条件随机场模型的分类器，作为隐马尔可夫模型的改进方法。经实际测试，也得到了一定的改进效果。同时，在笔画分类器及书写错误汉字的识别正确率方面仍有一定不足之处，也是未来研究的方向。

第五章　基于遗传算法的笔画匹配方法

　　笔画匹配是书写错误提取的主流方法和必要前提，指的是将书写字与模板字进行比对，从而提取书写错误并给出适当反馈。在比对书写字和模板字的过程中，需要一笔一画进行。然而，留学生书写字笔画会出现一些书写错误，如拆笔、连笔、少笔、多笔等。这些情况增加了研究的难度，除整笔画匹配以外，连笔和余笔还需要笔段匹配。

　　总体来说，笔画匹配本身是一个组合优化问题。它既要解决正确书写笔画与模板笔画的匹配问题，又要解决存在各种错误的笔画的匹配问题，还要兼顾算法执行效率。因此，本书提出了一种基于遗传算法[92]的笔画匹配方法。遗传算法具有内在的隐并行性和更好的全局寻优能力，同时具有很好的问题鲁棒性。本方法首先根据汉字书写笔画和模板笔画的个数比较情况对染色体进行自适应编码，根据汉字的结构特征和书写特点构造算法的适应度函数，采用精英算法进行进化，在适应度函数均值平稳时停止进化，从而得到最优解，即可对于不同笔画错误的汉字给出笔画匹配结果。

　　本章的内容安排如下：首先，给出了遗传算法的基本设置；其次，给出了遗传算法的自适应编码方法；再次，给出了遗传算法的适应度函数的构造方法；复次，通过三组实验验证了所提方法的有效性；最后，给出本章小结。

5.1 遗传算法的基本设置

本书采用的基于模板字的笔画匹配本身可看作一种组合优化问题。留学生书写质量和特点的千差万别，以及笔画错误的存在使问题的规模和复杂程度增大，遗传算法作为一种全局寻优的算法已经在图像处理、手写识别等方面得到了很好的应用，其隐含的并行计算的特性会得到较高的计算效率。因此，本书提出了一种基于遗传算法的笔画匹配方法，其中算法具体设置如下：

- 基因的编码：根据汉字的结构特征和书写特点，基因首先以笔画序号为编码，进化完成后所得最优解的适应度函数值大于给定阈值，则将基因改为以子笔画为序号的编码。

- 种群个数：根据 Zhang[93] 所提供的计算模型，结合汉字书写笔画的特点，算法将种群个数设定为 8n（n 为笔画个数）。

- 选择策略：采用精英主义方法，防止进化过程中产生的最优解被交叉和变异所破坏，可以将每一代中的最优解原封不动地复制到下一代中。

- 交叉：在每一代的进化过程中，根据每两个染色体在种群中的分布情况，按照 0.75 的概率执行交叉操作。

● 变异：在每一代的进化过程中，根据 0.1 的变异概率对每个染色体执行变异操作。

● 进化代数：为提高算法效率，本书将终止条件设定为如近 10 代的适应度函数平均值和最大值没有变化，则停止进化。

本方法具体步骤为：首先比较书写字和模板字的笔画数量大小，然后根据比较结果进行自适应编码，接着计算其相应基因编码的适应度函数值，开始进化过程，直到进化种群相对稳定后停止进化，给出最优解，即笔画匹配结果。具体流程图如图 54 所示。

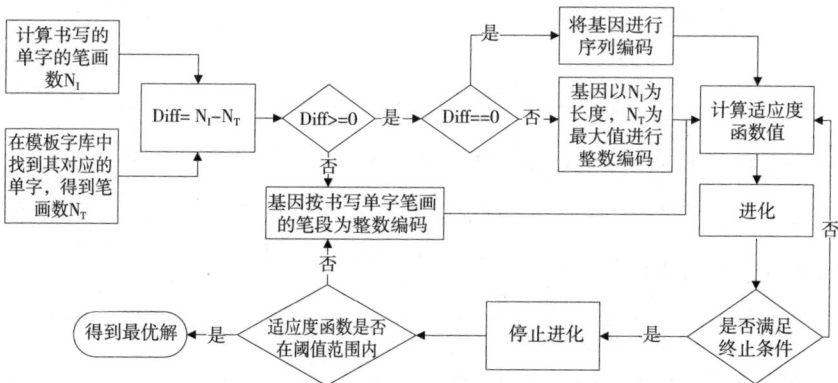

图 54 基于遗传算法的笔画匹配方法流程

5.2 自适应编码方法

本书根据书写汉字笔画数与模板字笔画数的差值，自适应地采用不同的编码方法，包括序列编码、最大值编码和子笔画编码，用以适应不同书写质量和书写错误的各种书写字的要求。具体说来，当书写字笔画数与模板字笔画数相同时，使用序列编码方法；当书写字笔画数大于模板字笔画数时，针对拆笔、多笔、余笔的情况，使用最大值编码方法；当书写字笔画数小于模板字笔画数时，针对连笔的情况，使用子笔画编码方法。

5.2.1 序列编码

当书写汉字笔画数与模板字笔画数相同时，遗传算法采用序列编码方法。即以书写字笔画序号为基因，笔画数为染色体长度进行编码，每一代产生的染色体均为笔画序号为基因的序列组合，染色体中无重复基因项。

如图55所示的序列编码中，书写字"见"和模板字"见"的笔画数均为4画，使用序列编码则每一代染色体以 {1,2,3,4} 笔画序号为基因构成，即 Chromosome 0 = 2134, Chromosome 1 = 3124, Chromosome 2 = 1324……Chromosome i = 4321（i=0,1,2,3……32）将每一代染色体在适应度函数中评价其适应度，不断进化后得到最优解。

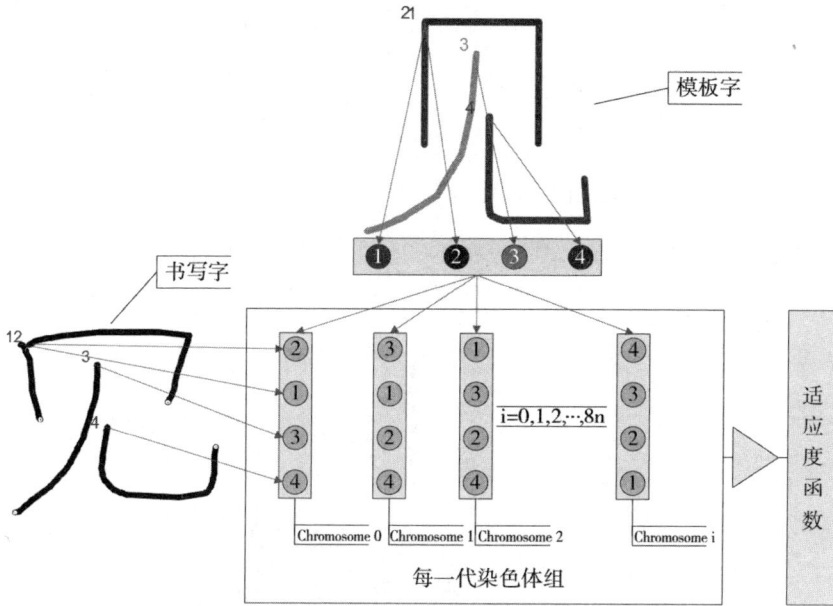

图 55　序列编码示意

5.2.2　最大值编码

当书写汉字笔画数目大于模板字笔画数目时，遗传算法采用最大值编码方法。即以模板字笔画序号为基因，以书写字笔画数为染色体长度进行编码，每一代产生的染色体为以模板字笔画序号为基因的序列组合，染色体中存在一个以上的重复基因项，可以解决多笔、拆笔等书写笔画错误存在的情况下的笔画匹配问题。

在图 56 所示的序列编码中，书写字"见"出现了拆笔的情况，共为 6 画，而模板字"见"的笔画数为 4 画，使用最大值编码则每一代染色体以 {1,2,3,4} 笔画序号为基因，长度为 6 的序列组合，即 Chromosome 0 = 213421, Chromosome 1 = 113421，Chromosome 2 = 313414……Chromosome i = 313421（i=0,1,2,3……32）将每一代染色体在适应度函数中评价其适应度，不断进化后得到最优解。

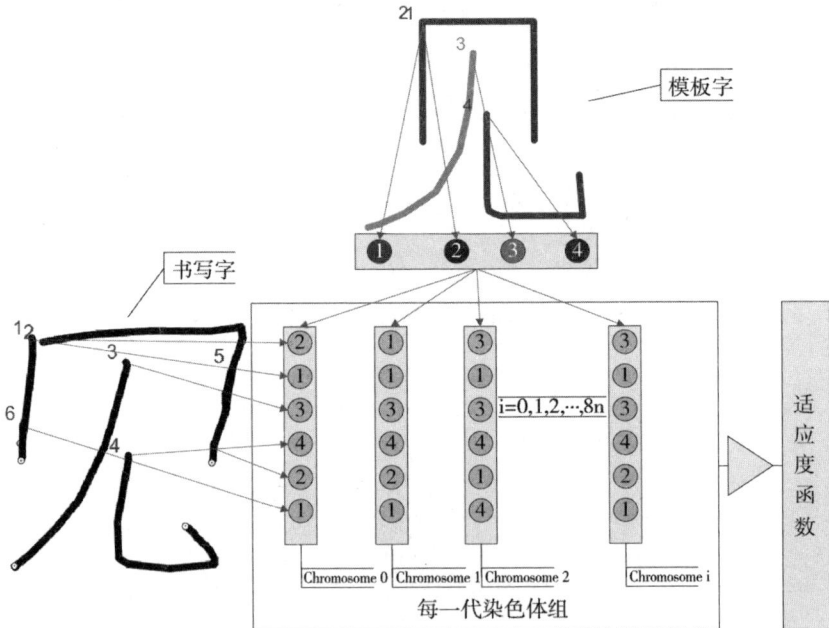

图 56　最大值编码示意

5.2.3　子笔画编码

当书写汉字笔画数目少于模板字笔画数目时，遗传算法采用子笔画编码方法。即以模板字的子笔画序号为基因，以书写字的子笔画的数目为染色体长度进行编码，每一代产生的染色体为以模板字的子笔画序号为基因的序列组合，可以解决少笔、连笔、余笔、残笔等情况下的笔画匹配问题。

在图 57 所示的序列编码中，书写字"见"出现了连笔的情况，原为第一画"竖"和第二画"横折"连为一画，共有 3 画；而模板字"见"的笔画数为 4 画，使用子笔画编码则每一代染色体以模板字的子笔画序号 {1,2,3,4,5,6,7} 为基因，长度为 7 的序列组合。本书采用在"折点"处将笔画切分为子笔画，即在模板字"见"中，第一画对应 {1}，第二画对应 {2,3}，第三画对应 {4}，第四画对应 {4,5,6}，折点的搜索算法采用动射线法 [94]。

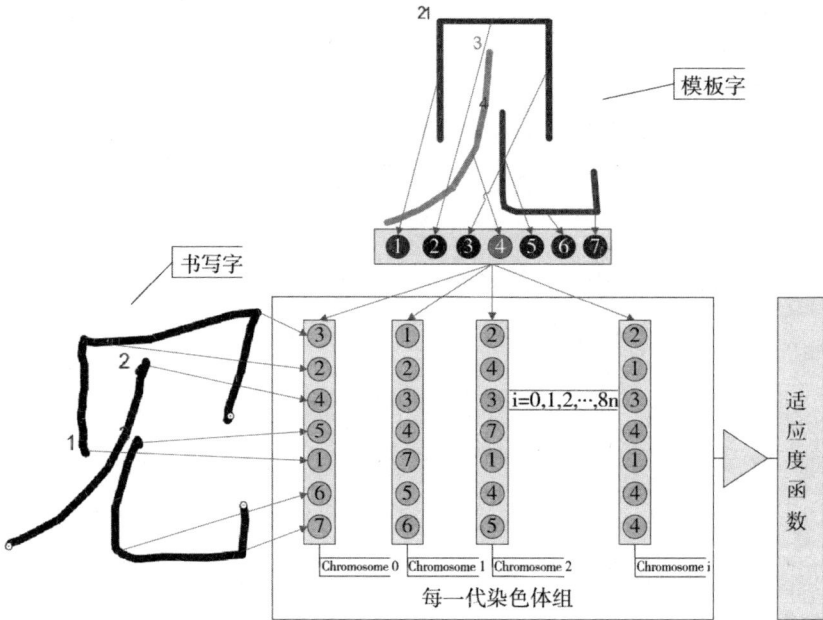

图 57　子笔画编码示意

子笔画编码的最优解的染色体序列 *chrom[n](i=1,2,3,...,n)* 也是以整数值为基因,如图 57 所示。算法可根据最优解匹配模板字相应笔画或子笔画,但在进行最优解结果输出时,需要直接表达染色体中每个基因所指向的原始书写笔画,以便对匹配结果的正误进行判断。如图 58 中所示的最优解 *chrom[9]*（8,8,5,7,6,3,4,1,2）的前两个基因 *chrom[1]* 和 *chrom[2]* 实际指向原始书写笔画中的第一笔,因子笔画编码的原因将其分解为两个基因,实际应给出一个指向结果,否则难以分辨出是书写笔画出现"拆笔"还是算法切分出的"子笔画"，容易引起歧义；同时，最优解序列中 *chrom[3]* 和 *chrom[4]* 实际指向原始书写笔画中的第二笔，见图中"书写字分解"，但根据最优解的染色体序列是无法直观看出两者间的指向关系的。根据上述原因，本书给出针对子笔画最优解的重编码要求。具体为：

■ 对于指向同一书写笔画的基因应以小数顺序编号，如 *chrom[3]* 和 *chrom[4]* 应编码为 *chrom[2.1]* 和 *chrom[2.2]*。

■ 对于匹配相应模板笔画，同时又指向相同书写笔画的基因应加以合并，如 *chrom[1]* 和 *chrom[2]* 先编码为 *chrom[1.1]* 和 *chrom[1.2]*，后得到 *chrom[1.1]* 和 *chrom[1.2]* 均为"8"，则合并为 *chrom[1]*，同时合并相应子笔画。

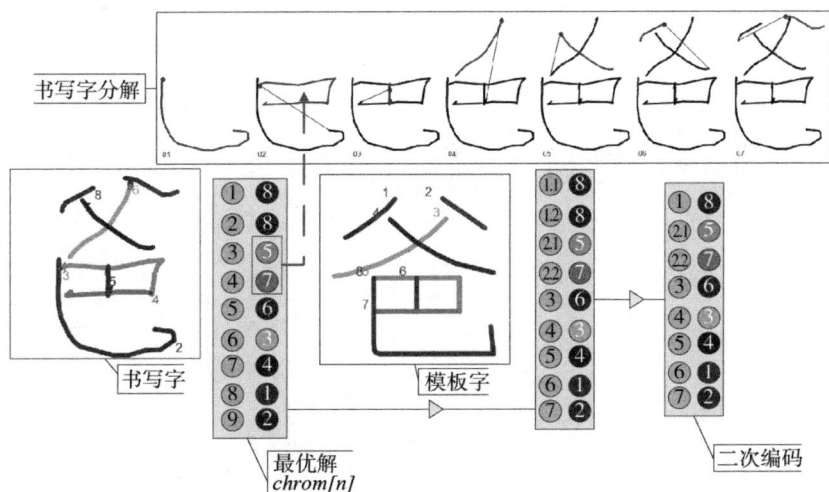

图 58　最优解染色体二次编码

　　根据上述要求，本书首先按照最优解序列 *TestSubIndex* 进行遍历编码，将指向同一书写笔画的基因以小数顺序编码 *SubIndex*，具体算法流程见图 59；然后对于匹配相应模板笔画 *IndexList*，同时又指向相同书写笔画 *SubIndex* 的基因加以合并，具体算法流程见图 60。

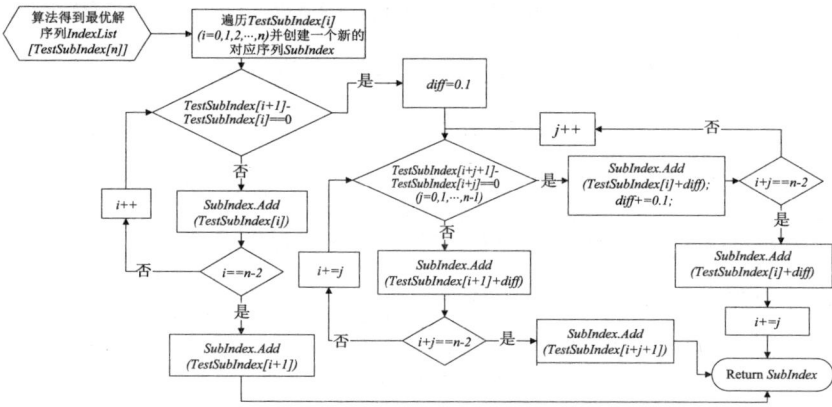

图 59　遍历小数编码流程

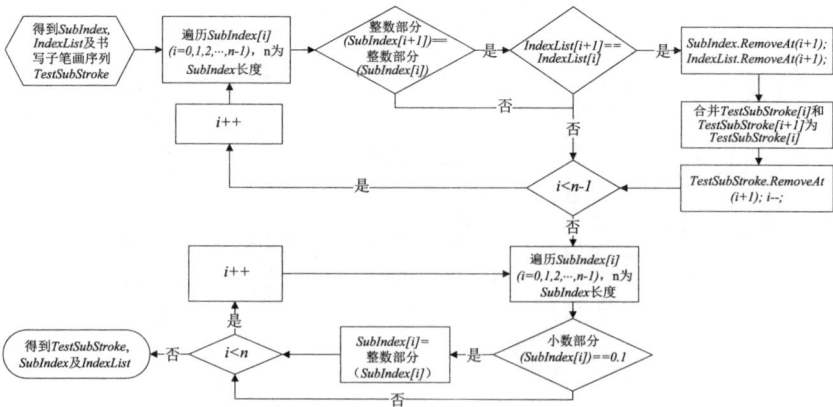

图 60　整合子笔画序列流程

5.3　基于结构和书写特征的适应度函数

在采用遗传算法进行程序和算法设计时，需要用到适应度函数，它是一种用于衡量方法与解空间之间差距的目标函数。在本书中，根据汉字本身的结构特征和书写特点，提出了相应的适应度函数，函数的设计既考虑到全局特征也考虑到局部特征。

5.3.1　全局特征

在日常的汉字书写练习时，留学生往往需要按照模板字的指导进行摹写练习，因此书写字和模板字在书写平面上的总体布局结构是很相近的。由此，本书提出了通过质点距离这一全局特征来表达书写笔画与模板笔画在书写平面上的绝对距离差。具体为质点距离 $d_C(S_{L_i}, S_{T_j})$ 通过计算书写汉字笔画 S_{L_i} 的质点 $(x_{C_{L_i}}, y_{C_{L_i}})$ 和模板字笔画 S_{T_j} 间的质点 $(x_{C_{T_j}}, y_{C_{T_j}})$ 距离，得到书写笔画每一笔的绝对位置，如图 61 所示，式（5-1）为质点距离计算公式，$(i, j=0,1,2,...,n)$，n 为笔画个数。

$$d_C\left(S_{L_i}, S_{T_j}\right) = \sqrt[2]{\left(x_{C_{L_i}} - x_{C_{T_j}}\right)^2 + \left(y_{C_{L_i}} - y_{C_{T_j}}\right)^2} \tag{5-1}$$

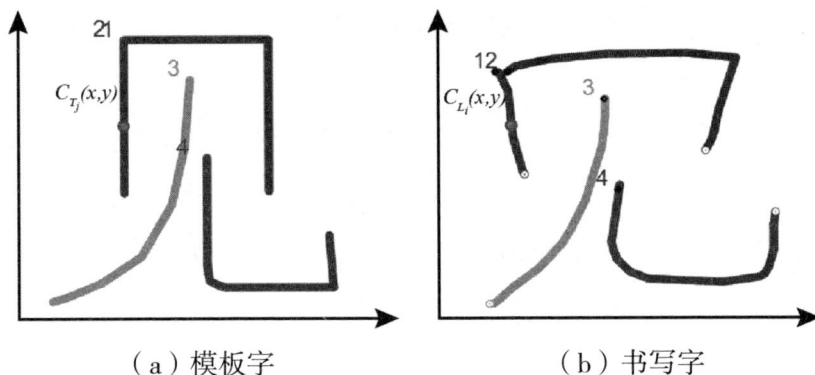

（a）模板字　　　　　　　　（b）书写字

图 61　质点距离示意

5.3.2　局部特征

汉字的最小构成单位是笔画，基本笔画（包括横、竖、撇、捺、点、提）及其衍生出的全部 31 个笔画通过不同的组合方式构成汉字。即便是不同的书写者，其同一类笔画在布局和书写特点上也是有共性特征的，比如笔画的长度、笔画的水平夹角及其在汉字结构中的相对位置，等等。本书通过计算书写笔画与模板笔画在上述这些局部特征的距离差来评价其相似性。

● 笔画长度差 $d_L(S_{L_i}, S_{T_j})$：通过计算书写汉字和模板字笔画间的长度差，反映书写笔画的局部特征。其中，$(x_{p_{L_k}}, y_{p_{L_k}})$ 表示书写笔画 S_{L_i} 中的第 k 个采样点，$(x_{P_{T_j}}, y_{P_{T_j}})$ 表示模板笔画 S_{T_j} 中的第 j 个采样点，如式（5-2）所示。

$$d_L\left(S_{L_i},S_{T_j}\right)=\left|\begin{array}{l}\sum_{k=0}^{m-1}\sqrt[2]{\left(x_{P_{L_k}}-x_{P_{L_{k+1}}}\right)^2+\left(y_{P_{L_k}}-y_{P_{L_{k+1}}}\right)^2}\\-\sum_{j=0}^{n-1}\sqrt[2]{\left(x_{P_{T_j}}-x_{P_{T_{j+1}}}\right)^2+\left(y_{P_{T_j}}-y_{P_{T_{j+1}}}\right)^2}\end{array}\right|\qquad(5\text{-}2)$$

- 笔画夹角 $d_A(S_{L_i},S_{T_j})$：通过计算书写汉字和模板字笔画间的夹角，反映书写笔画的方向性局部特征。其中，$(x_{P_{L_0}},y_{P_{L_0}})$ 表示书写笔画 S_{L_i} 的第一个采样点，$(x_{P_{L_{m-1}}},y_{P_{L_{m-1}}})$ 表示书写笔画 S_{L_i} 的最后一个采样点；同理，$(x_{P_{T_0}},y_{P_{T_0}})$ 和 $(x_{P_{T_{n-1}}},y_{P_{T_{n-1}}})$ 表示模板笔画 S_{T_j} 的起始点，式（5-3）如图 62 所示。

$$d_A(S_{L_i},S_{T_j})=\left|\tan^{-1}\frac{(x_{P_{L_0}}-x_{P_{L_{m-1}}})}{(y_{P_{L_0}}-y_{P_{L_{m-1}}})}-\tan^{-1}\frac{(x_{P_{T_0}}-x_{P_{T_{n-1}}})}{(y_{P_{T_0}}-y_{P_{T_{n-1}}})}\right|\qquad(5\text{-}3)$$

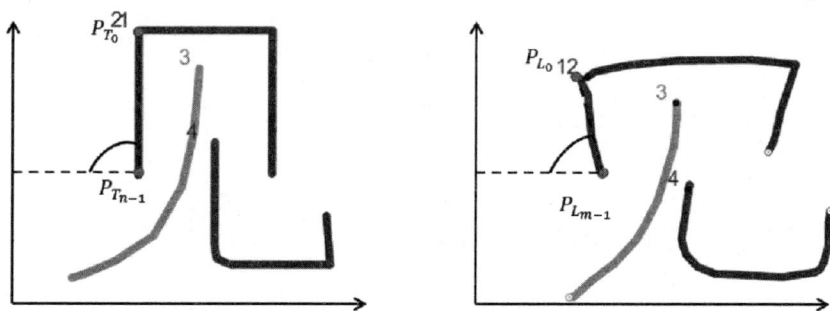

图 62　笔画水平夹角差示意

- 相对位置差 $d_R(S_{L_i},S_{T_j})$：因汉字被称为"方块字"，其笔画在汉字包围盒中的位置相对固定，因其"从上至下，从左至右"的书写顺序，所以采用汉字包围盒的左上顶点为参考点。即，书写笔

画质点 $(x_{C_{L_i}}, y_{C_{L_i}})$ 与汉字包围盒的位置点 $P_{L_{left-top}}$ （左上点）的距离和模板字笔画质点 $(x_{C_{T_i}}, y_{C_{T_i}})$ 与模板字包围盒的位置点 $P_{T_{left-top}}$ （左上点）的距离差，式（5-4）如图 63 所示。

$$d_R(S_{L_i}, S_{T_j}) = \left| \begin{array}{c} \sqrt[2]{(x_{C_{L_i}} - x_{P_{L_{left-top}}})^2 + (y_{C_{L_i}} - y_{P_{L_{left-top}}})^2} \\ -\sqrt[2]{(x_{C_{T_j}} - x_{P_{T_{left-top}}})^2 + (y_{C_{T_j}} - y_{P_{T_{left-top}}})^2} \end{array} \right| \qquad （5-4）$$

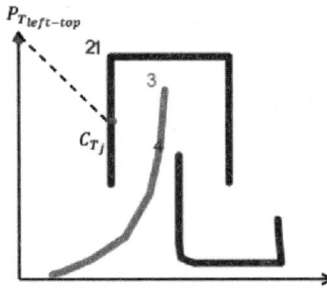

图 63   相对位置差示意

5.3.3   适应度函数的评价

根据遗传算法的特点，适应度函数得到最小值，即其评价函数 f_{chrom}^{-1} 得到最大值时，算法得到最优解，即最佳匹配笔画，如式（5-5）所示，其中 chromosome 为染色体，*chrom[n]* 为基因 n，l 为染色体长度，$\alpha, \beta, \gamma, \varepsilon$ 为根据书写字结构特征得到的常数项。

$$f_{chrom}^{-1} = \sum_{n=1}^{l} \frac{\alpha \times d_C(S_{L_n}, S_{T_{chrom[n]}}) + \beta \times d_L(S_{L_n}, S_{T_{chrom[n]}})}{+\gamma \times d_A(S_{L_n}, S_{T_{chrom[n]}}) + \varepsilon \times d_R(S_{L_n}, S_{T_{chrom[n]}})} \qquad （5-5）$$

5.4　实验结果

本书设计了三个不同的实验来验证所提方法的有效性：包括笔画数量、部件结构、错误分类等。对所提算法，基于 AForge.NET[95]中提供的 SDK 开发了原型系统，使用 1 万余份留学生数字墨水数据在一台 Inter Corei7 处理器和 16G 内存的 PC 机进行实验。

5.4.1　根据笔画数分类

本书按照汉字所包含的笔画数目对汉字进行分类测试，笔画是本书方法的输入和主要研究对象，针对其数目的变化进行分类测试，便于在数据量变化时比较所提方法的执行效率。实验所提具体指标为汉字内包含笔画个数 NS_C，不同汉字种类个数 NC_K，测试汉字数据份数 NC，汉字书写正确率 CW，全部正确匹配的汉字正确率 CM，正确匹配的笔画正确率 SM，时间消耗 TC，具体实验结果见表 18所示。

表 18   不同笔画数汉字的实验结果

NS_C	NC_K	NC	CW	CM	SM	TC（毫秒）
1~3	39	2841	96.67%	98.36%	99.33%	97
4~6	154	9728	87.88%	84.87%	92.61%	192
7~9	189	4494	82.76%	82.42%	95.87%	386
10~12	112	1960	58.33%	67.84%	94.66%	604
13+	41	793	44.44%	55.84%	90.17%	520

从表 18 中可以看出，汉字书写正确率 CW 随着汉字内笔画数 NS_C 的增加而逐渐降低，呈线性递减趋势直至 13 画以上的汉字书写正确率达到最低的 44.44%。与书写正确率的递减趋势相似，汉字的全部笔画匹配正确率 CM 也随着 NS_C 的增加而逐渐降低，亦成线性递减趋势直至最低的 55.84%。然而，正确匹配的笔画正确率 SM 虽略有波动，却一直保持在 90% 以上，并没有随着笔画数 NS_C 的增加而发生显著的变化。

分析可知，笔画匹配正确率 SM 没有随着汉字匹配正确率 CM 和汉字书写正确率 CW 的显著下降而变化，可见所提的笔画匹配方法的有效性。并且由于汉字是由笔画构成这一事实，笔画匹配正确率 SM 的稳定性恰恰说明了 CM 的变化是由于汉字内笔画数目增大，组合问题的复杂度增加，导致的正确率下降；这与留学生书写正确率 CW 随着汉字复杂程度的增加而下降的原因是一致的。此外，时间消耗均在汉字毫秒级，时间复杂度为 n。

5.4.2 根据部件结构分类

汉字分为独体字和合体字，其中汉字的合体结构有 12 种[2]，然而对于初级水平的留学生来说，对于汉字的分解和部件结构的掌握总体水平是较低的。因而，在实验中将数据根据汉字部件结构（SC）的不同分为 5 类，分别为独体字、左右结构、上下结构、半包围结构、全包围结构等。按部件结构进行分类实验，是为了测试本书所提方法对于不同部件结构的汉字的适应性，具体实验结果见表 19。

表 19 不同部件结构的实验结果

SC	NC	NC_K	CM	SM	TC（毫秒）
独体字	7411	107	88.01%	93.28%	168
左右	4483	219	77.54%	94.52%	394
上下	6061	155	81.50%	96.09%	347
半包围	1262	41	80.13%	96.33%	434
全包围	521	13	92.57%	98.12%	235

由上表可见，独体字、左右和上下结构的汉字的字例约占全部字例的 90%，基本符合初级水平留学生的汉字学习情况；每个字形均有 40 个左右的字例，满足实验的要求。不同部件结构的汉字的笔画匹配正确率 SM 均保持在 93% 以上，不同结构间并无较大差别，说明本书方法对于不同部件结构的汉字中的笔画匹配是有效的。此外，汉字全部笔画匹配率 CM 较 SM 略低，分析可知，是由于每个

汉字是有一个及以上的笔画所构成的，笔画匹配正确率 SM 的不断累积造成了 CM 的数值略低。

5.4.3　根据笔画错误类型分类

在留学生的书写样本中存在一定数量的书写错误的汉字样本，对于存在书写错误的汉字，其笔画匹配工作是本书的难点。按照前文所提的书写错误分类，实验将数据分为静态错误包括少笔、连笔、拆笔、多笔、余笔、残笔和动态错误如笔顺、笔向等八种类型进行测试，实验指标仍然是笔画匹配正确率 SR 和汉字内全部笔画匹配正确率 CR，具体实验结果见表 20。

表 20　不同书写错误的实验结果

错误类型	NC	NC_K	CR	SR
少笔	593	238	33.13%	73.13%
连笔	988	439	57.14%	83.93%
多笔	410	198	62.51%	92.98%
拆笔	706	203	28.57%	79.07%
余笔	658	253	68.57%	91.47%
残笔	209	105	64.59%	89.88%
笔顺	2777	515	83.40%	94.42%
笔向	511	235	84.93%	96.53%

由表 20 可见，笔顺错误的样本数和类型最多，说明笔顺错误

在留学生的书写错误中是最为常见的。其他类型错误分布均匀，基本符合初级水平留学生的书写情况。在实验结果中，动态书写错误有较高的笔画匹配正确率 SR，均能达到 90% 以上；在静态书写错误中，少笔和拆笔类型的笔画匹配正确率略低于其他类型。

从实验结果中分析，由于没有破坏笔画本身的结构信息，所以动态书写错误的笔画匹配正确率较高；而由于笔画匹配方法本身属于一个组合优化问题，少笔、拆笔以及连笔等笔画信息的缺失或损坏对于组合配对问题的影响较大，从而导致其笔画匹配正确率 SR 较低。汉字内全部笔画正确率较低是由于 SR 累积造成的，并没有明显的性能降低。

5.5 本章小结

本章对面向书写错误的笔画匹配方法进行了较深入的研究，所提方法采用了遗传算法对书写字和模板字进行笔画匹配，在实时系统下得到最优解。本书首先为了适应不同书写质量和书写错误的各种书写字的要求，根据书写汉字笔画数与模板字笔画数的差值，自适应地采用了包括序列编码、最大值编码和子笔画编码的编码方法；然后，针对不同的编码，选取适应度函数，并结合学习者的书写特征进行了优化；通过不断地进化过程，得到最优解；最后针对笔画错误提取给出了匹配结果的基因解码表示。通过三组验证实验，方法从不同笔画数量、不同部件结构及存在不同书写笔画错误的数字墨水汉字的笔画匹配进行实验，匹配平均正确率到达 90% 以上，实验结果表明所提方法满足存在各种不同的书写笔画错误的笔画匹配要求。

第六章　针对笔画匹配结果的可视化及人机交互校正方法

在数字墨水汉字智能处理的过程中，计算机需要根据正确的笔画匹配结果对书写错误进行分类。在留学生的书写汉字存在较多的书写错误的情况下，计算机系统难以做到完全正确的匹配所有汉字数据的全部笔画。因此，需要人工方法对笔画匹配结果进行校正。

采用人机交互校正的方法，首先需要将笔画匹配结果进行有效的可视化表达，准确而直观的可视化方法可以提高人机交互校正的效率，本书给出了一种多感知层次的可视化方法；同时，提出了一种对包含众多书写错误的笔画匹配结果的人机交互校正方法，校正方法简单、准确并且表达丰富。

本章主要介绍针对笔画匹配结果的可视化及人机交互校正方法，具体内容安排如下：首先，详细介绍一种针对笔画匹配结果的可视化方法；其次，对不同类型的笔画匹配结果给出详细的表示方法，包括存在书写错误的笔画匹配结果；再次，针对上述的表示方法给出了每一种类型的具体校正操作方法；最后，通过具体的实验操作，验证了所提方法的有效性并给出本章的小结。

6.1 多感知层次的可视化方法

针对笔画匹配结果的可视化是人机交互校正工作的前提，直观而准确的可视化方法可以有效地减轻操作人员的认知负担，提高操作的工作效率。根据可视化对象的特征及校正操作的需要，本书采用颜色、图形以及数字序号多感知层次对数字墨水汉字笔画匹配结果进行可视化表达。

使用不同色相的颜色绘制汉字中不同的笔画是最直接的可视化方法[96]，这一点在 WU 等[97]对于色相、明度和饱和度的认知绩效研究中得到了证明，文中认为色相可以影响认知速度和视觉偏好，但影响力小于明度和饱和度。因而，本书根据孟塞尔提出的颜色感知距离中的颜色心理三属性（色相、明度、饱和度），即颜色感知层次[98]，针对笔画匹配结果进行的可视化表示，使用不同颜色感知层次对相邻的不同笔画进行绘制。

本书使用图形对笔向信息进行可视化表示。笔向，即汉字笔画的走向，有着基本的书写规则。笔向错误是留学生经常出现的书写错误之一，在进行笔画匹配之后，需要将每个笔画的笔向信息可视化出来，以便在人机交互校正时可以更好地理解书写笔画的基本信息。使用圆圈图形表示笔画的笔向（即起笔、落笔）信息，其中黑色表示起笔点、白色表示落笔点，黑白的颜色选择可以较好地与笔画本身的绘制颜色进行区分。

使用数字序号可视化笔顺信息是一种常用的方法。笔顺，是汉字笔画的出现顺序，也有其基本规则 [99]。由于和非汉字文化圈的书写文字差别较大，笔顺错误也是初级水平留学生的常见书写错误。本书使用数字序号表示汉字的笔顺信息，根据汉字笔画"从左到右，从上到下"的书写规则，将笔顺数字放置在笔画起点的左上角位置，避免与书写笔画重叠，同时使用与笔画颜色相同的颜色绘制数字序号，减轻相邻笔画所造成的认知负担。

6.1.1 基于颜色感知层次的表示

为了更直观地对相邻笔画进行可视化表达，本书采用了不同颜色感知层次的方法。颜色感知层次是不同颜色的显著性差异在人的心理感受上产生的进退感，形成不同的感知深度（即颜色感知距离），本书使用 HSB（色相、饱和度、亮度）编码的方法控制不同笔画的颜色感知距离，通过加大相邻笔画间的颜色感知距离，使其产生不同的颜色感知层次，从而减轻相邻笔画间的认知负担，提高认知效率。

具体算法为：首先，根据模板字的笔画数 Num，确定 HSB 编码中的权值 W，即为 $180/Num$；然后，遍历笔画序列 $Stroke[i]$；当 i 为偶数时，笔画颜色使用 HSB 均分色相值；当 i 为奇数时，笔画颜色使用该阈值色相值，亮度和饱和度均为半值。具体流程见图 64。

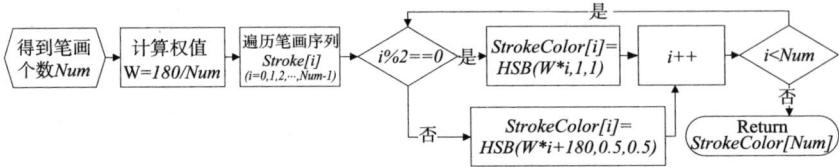

图 64　颜色感知层次算法流程

效果图如图 65 所示，其中（a）（b）为每个笔画均分色相值，（c）（d）为相邻笔画间倒置了均分色相值，（e）（f）为本书方法效果。图 65 实际上是分步骤演示了颜色感知层次的产生过程，在图（a）（b）中，方法将相邻笔画的色相值根据笔画个数进行了等分，使用不同的色相值绘制汉字中的每个笔画，从而将每个笔画进行区分，但相邻笔画的颜色由于色相值在色谱中也是相邻的，所以区分度较低；为解决相邻笔画间色相区分度的问题，在图（c）（d）中，方法根据笔画序列号的奇偶性，使相邻笔画的色相值产出倒置，即相邻笔画的色相值在色谱中产生最大间距值；为了进一步提高认知效率，本书方法如图（e）（f）对相邻笔画不但倒置了色相值，同时改变了亮度和饱和度，使其产生不同的颜色感知层次，从而进一步减轻了认知负担。

（a）书写字　　　　　（b）模板字

（c）书写字　　　　　（d）模板字

（e）书写字　　　　　（f）模板字

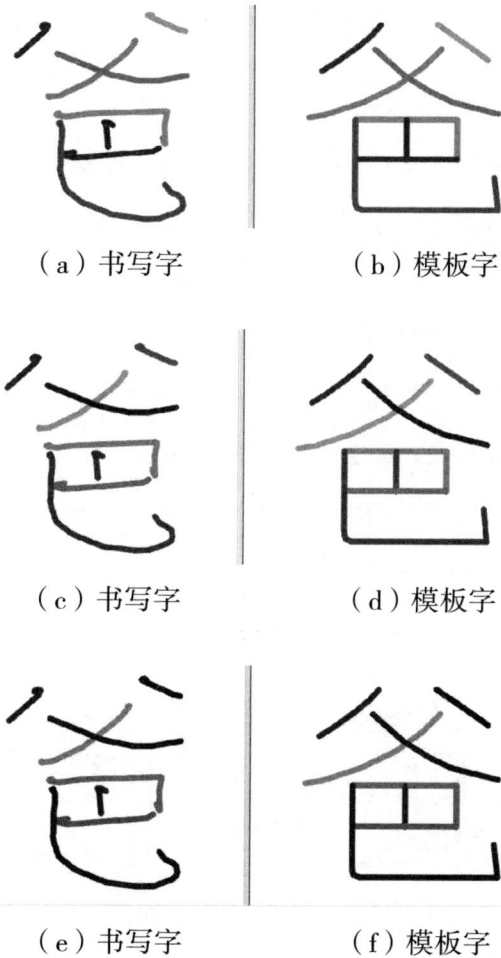

图 65　感知层次对比效果

6.1.2 采用图形符号的笔向表示

本书将笔向信息进行可视化表示，可以在人机交互校正时使操作人员更好地理解笔画的原始书写信息，便于准确地进行校正操作。由于笔画作为连续书写的线段的特征，对于其笔向信息的可视化，可以采用区分地标记其起止点的方法。

本书采用直径为笔画宽度的空心圆的图形，绘制笔画的起点和终点，以笔画起始点坐标位置的可视化表示其笔向信息。其中，黑色圆圈绘制笔画起点，白色圆圈绘制笔画终点。黑白两种颜色选择，是为了避免与笔画本身的绘制颜色重复造成认知错误。具体效果如图 66 所示。

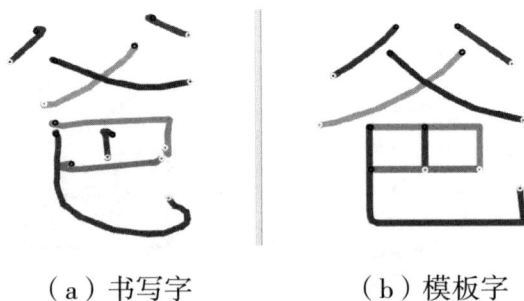

（a）书写字　　　　　（b）模板字

图 66　圆圈符号表示笔向示意

6.1.3 采用数字序号的笔顺表示

针对笔顺信息进行可视化表示，有助于人机交互校正时准确认知书写字的笔画组成信息，有利于减轻校正操作的认知负担。本书根据汉字笔画"从左到右，从上到下"的书写规则，采用数字序号表示汉字的笔顺信息。主要基于以下规则。

■ 位置：笔顺数字序号位于笔画起点包围盒的左上角位置，避免与书写笔画重叠。同时相邻文本间产生一个笔画宽度的水平位移，避免文本重叠，如图 67 所示。

图 67 Five To One 文本位移示意

■ 绘制颜色：与对应笔画绘制的颜色相同，减轻相邻笔画所造成的认知负担，具体效果如图 68 所示。

■ 字符大小：采用绘制笔画宽度的 1.5 倍。既不会过小，产生认知负担；也不会过大，与笔画产生过多位置重叠。

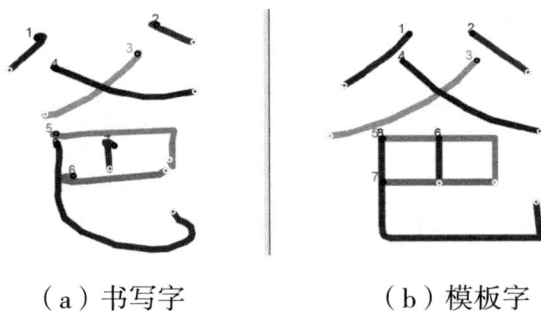

（a）书写字　　　　　　　　（b）模板字

图 68　效果示意

6.2　标记表示方法

采用人机交互校正方法对笔画匹配结果进行校正操作时，标记方法需要做到操作简单、校正准确并且表达能力丰富，同时要包含众多书写错误类型等校正信息。因此，本书使用标记列表的方法针对二维书写数据的操作降维至一维列表的操作，书写面板中只保留笔顺序号和标记点信息，从而解决书写面板由于信息过多而出现的画面杂乱的问题，进一步降低了操作人员的认知负担和操作复杂度。

6.2.1　标记列表的定义

本书方法定义了由标记单元 *MatchItem* 构成的标记列表 *Matchlist* 的数据结构，每个 *MatchItem* 包括序号（*ID*）、书写笔画序号（*TestIndex*）、参考字笔画序号（*TempIndex*）以及标记点坐标信息（*OperaterPoints*），具体如表 21 所示。本书采用 XML 文件格式保存标记列表 *Matchlist*，以便对笔画匹配及其人机交互校正结果的保存，如图 69 所示。

表 21　标记单元 *MatchItem* 说明

对象名称	说明	对象类型
MatchItem	每个标记单元标记一对书写笔画（子笔画）和模板笔画。	MatchItem
ID	每个标记单元在标记列表 *Matchlist* 的序号。	Integer
TestIndex	标记单元中的书写笔画（子笔画）在书写笔画序列的序号。	Float
TempIndex	标记单元中的模板笔画在模板笔画序列的序号。	Integer
OperaterPoints	标记单元中的书写笔画（子笔画）的起始点。	Point

```xml
- <MatchItem ID="0" TestIndex="1" TempIndex="1">
    <operaterPoints X="91" Y="57" />
  </MatchItem>
- <MatchItem ID="1" TestIndex="2" TempIndex="2">
    <operaterPoints X="260" Y="63" />
  </MatchItem>
- <MatchItem ID="2" TestIndex="3" TempIndex="3">
    <operaterPoints X="277" Y="84" />
  </MatchItem>
- <MatchItem ID="3" TestIndex="4" TempIndex="4">
    <operaterPoints X="87" Y="100" />
  </MatchItem>
- <MatchItem ID="4" TestIndex="5" TempIndex="8">
    <operaterPoints X="138" Y="326" />
    <operaterPoints X="258" Y="313" />
  </MatchItem>
```

图 69　标记列表 *Matchlist* 保存片段

6.2.2 标记类型的表示

留学生在书写汉字的过程中，会出现各种书写错误。计算机系统需要对存在书写错误的汉字进行笔画匹配并给出匹配结果。在针对结果进行人机交互校正时，本书根据笔画匹配结果及书写错误分析的需要给出了一套标记方法。不但要对于书写正确的笔画匹配结果进行标记，同样要包括常见的书写错误类型，具体如表 22 所示。

表 22 标记类型说明

类型	说明	实例
一对一	一个书写汉字笔画对应一个参考汉字笔画	1–1； 2–3；
一对多	一个书写笔画对应多个参考汉字笔画	1.1–1； 1.2–2； 1.3–3；
多对一	多个书写笔画对应一个参考笔画	1–1； 2–1； 3–1；
一对空	一个书写汉字笔画没有对应参考汉字笔画	1–0；
空对一	参考汉字笔画没有对应的书写笔画	0–1；
子对空	书写笔画中的子笔画没有对应参考笔画或与其他参考笔画重复	1.1–1； 1.2–0；
空对子	参考笔画的子笔画没有对应书写笔画	1.1–1.1； 0–1.2；

值得说明的是，正如前文所述本书研究的书写错误包括静态错误中的多笔、少笔、连笔、拆笔和余笔以及动态错误中的笔顺和笔向错误，然而匹配结果的标记表示类型中并不需要"少笔"类型的标记方法。这是因为，当出现"少笔"错误时，书写笔画是缺失的，也就是说，缺失的书写笔画与模板笔画间的匹配单元实际上并不存在，也就不包含在笔画匹配结果中。因此，也就无须进行人机交互校正，在后续的错误提取时，系统可根据模板笔画序号在匹配结果中的缺失情况，自动提取该类型的书写错误。

6.3　基于标记列表的校正方法

针对不同类型的数字墨水汉字笔画匹配结果，校正方法采用对 Matchlist 标记列表操作，有针对性地人机交互校正笔画匹配结果，为下一步的书写错误类型提取做准备。本书针对不同笔画匹配结果采用相应的校正方法，具体包括"一对一""一对多""多对一""子对空""一对空"等笔画匹配结果，而"空对一"和"空对子"都是书写笔画的缺失，不需要人工校正。对于这些情况的校正操作，本书提出了三点共性的处理方法，具体如下。

■　操作单元的可视化：在人机交互校正的时候，无论是操作标记列表还是标记笔画，都需要进行可视化表示。本方法使用高亮颜色进行可视化，在操作标记列表时，当匹配单元 *MatchItem* 被选中时，在 *Matchlist* 中将其高亮显示，其对应的书写笔画同时使用 SystemColors.Highlight 进行绘制。另外，使用"双击"操作撤销 *MatchItem* 的选择，并恢复书写笔画的先前绘制。

■ 标记列表的校正：本书对于笔画匹配结果的校正，是基于标记列表 *Matchlist* 进行的。在"一对一""一对多""多对一""子对空"等笔画匹配结果中，对于标记列表的操作实际上都是增加匹配单元 *MatchItem*，"*Add*"或者修改匹配单元 *MatchItem*，"*Modify*"两种操作。具体为"*Add*"包括了"一对多""子对空"等书写错误，"*Modify*"包括了"多对一""一对空"以及"一对一"的情况。

■ 笔画起止点的校正：人机交互校正时对于校正笔画的起止点的设置，不仅是对于该笔画原始起止点的遍历查找，也是校正操作点的设置，即对于"一对多"或"子对空"的笔画切分点的所在位置的校正。为了保持数据的完整性，本书对于笔画起止点的设置，采用的是查找与设置点距离最小的数据采样点的方式，即笔画的起止点均为原始的笔画中的数据采样点，仅当"一对多"和"子对空"情况时，才将"上一笔"的"止点"再次复制为"下一笔"的"起点"，从而保证了笔画连段的完整性。

（1）"一对一"的笔画匹配结果校正

在众多类型的笔画匹配结果中，"一对一"是最常见的类型，即一个书写笔画对应一个模板笔画，数量相同。其中，对应的顺序可以相同，即"1-1，2-2……"；亦可不同，即"1-2，2-3……"。

对于此类笔画匹配结果，主要是对其对应关系进行校正。若待校正的笔画匹配结果为"一对多"类型，则说明匹配方法在使用子笔画编码的进化过程中存在过切分笔画的情况。此时不但要校正子笔画与模板笔画的序号对应，系统还需根据校正后的序号关系，自动进行子笔画合并使之连接成一个完整笔画。具体校正方法如图 70 所示。校正效果如图 71 所示。

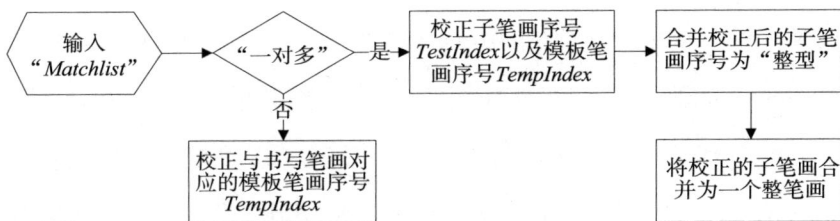

图 70　"一对一"匹配结果校正

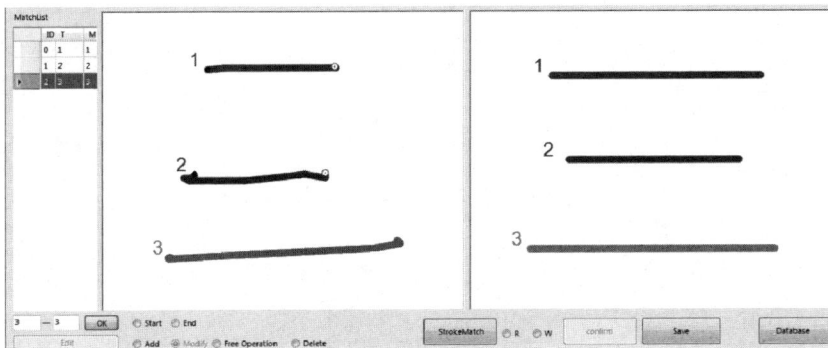

图 71　"一对一"匹配结果校正效果

（2）"一对多"的笔画匹配结果校正

"一对多"的笔画匹配结果是在笔画匹配时采用了子笔画编码的方法产生的，但由于书写质量的差异性，其笔画匹配正确率为83.93%，仍有不少于16%的数据需要进行人机交互校正。根据标记列表 *Matchlist* 的标记方法，表示为"1.1-1，1.2-2"。此类笔画匹配结果在人机交互校正时，若待校正的类型为"一对一"，即说明匹配方法存在子笔画"欠分割"的情况，校正方法需要切分子笔画，增加匹配单元 *MatchItem*，其中系统自动按照 *Matchlist* 的校正的子笔画对书写笔画进行切分。若待校正的类型为"一对多"，需要判断其子笔画是否切分正确；若正确，即可校正对应的模板笔画序号，否则需要合并为整笔画后重新切分子笔画。具体流程如图 72 所示。

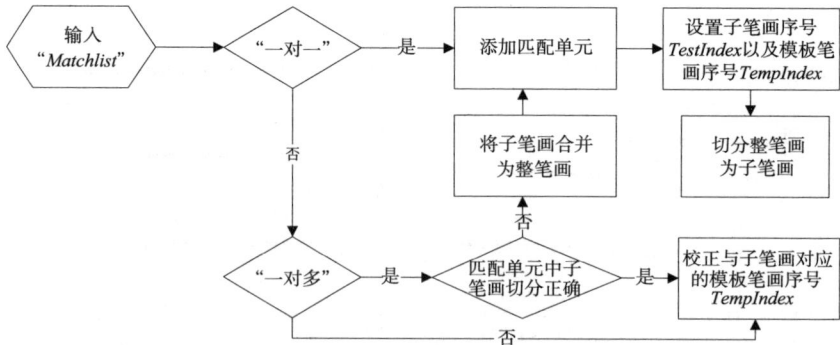

图 72 "一对多"笔画匹配结果校正

从"一对多"的校正中可知，本方法需要将书写笔画切分为两个以上子笔画，不但需要人工对 *Matchlist* 进行校正，也需要方法根据 *MatchItem* 对相应的书写笔画进行子笔画切分，具体算法为：首先，根据选定的标记单元 *MatchItem* 得到操作的书写笔画 *TestSubStroke[selectedOpertion]*；其次，根据设置的笔画起止点生成新的子笔画 *Sub*，并从原始笔画序列中抽离；最后，以子笔画 *Sub* 对象插入到 *TestSubStroke* 中，完成子笔画切分。具体流程见图 73，效果如图 74 所示。

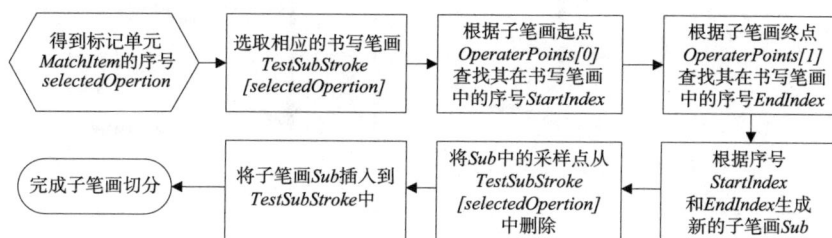

图 73　子笔画切分方法

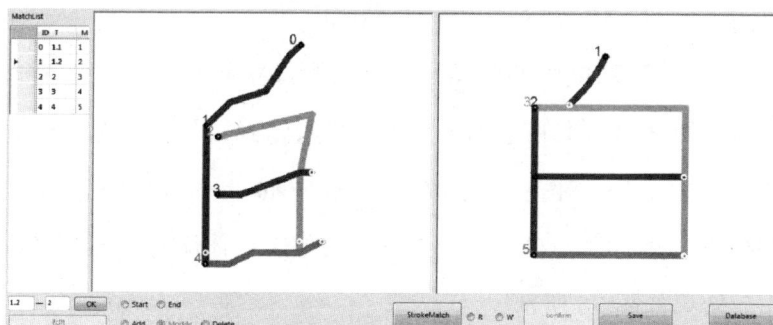

图 74　"一对多"校正后效果

（3）"多对一"的笔画匹配结果校正

"多对一"的笔画匹配结果指两个或两个以上书写笔画对应同一个模板笔画，根据标记表示方法，应表示为"1–1,2–1……"。具体的校正方法与"一对一"校正方法相同，参见图70。校正后效果如图75所示。

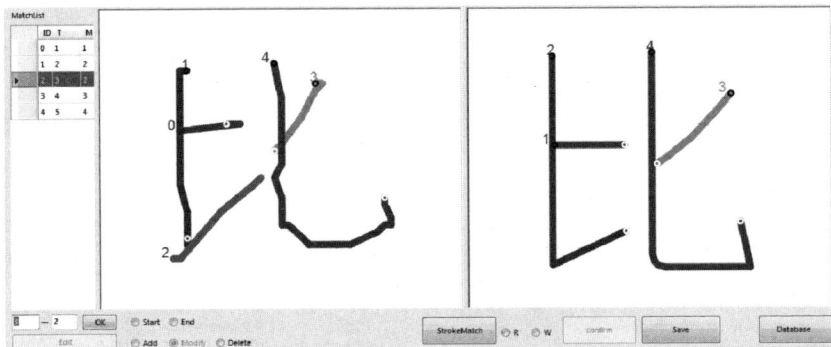

图 75 "多对一"校正后效果

（4）"一对空"的笔画匹配结果校正

"一对空"的笔画匹配结果是指书写汉字笔画没有模板笔画与之对应，即会出现书写笔画数目大于模板笔画数目的情况。根据标记表示方法，"一对空"的 *MatchItem* 中的 *TempIndex* 应为 0。具体的校正方法与"一对一"校正方法类似。具体流程如图70所示。校正后效果如图76所示。

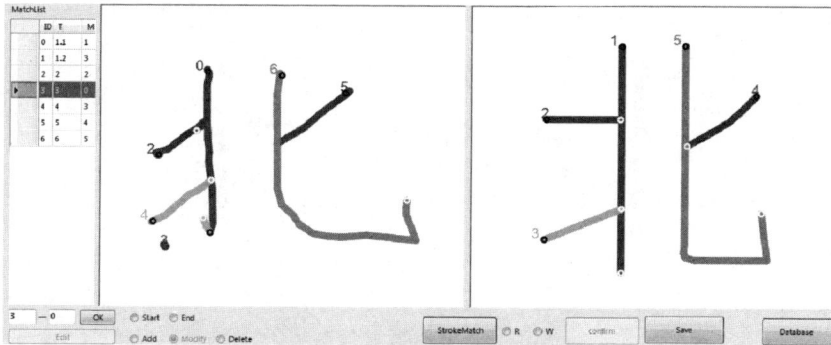

图 76 "一对空"校正后效果

（5）"子对空"的笔画匹配结果校正

"子对空"的笔画匹配结果指书写笔画中的子笔画没有对应的模板笔画，也就是书写笔画的其中一部分为"多余"的，可以是重复描写，或者起始点运笔造成的。根据标记列表 *Matchlist* 的标记方法，"子对空"类型表示为"1.1–1，1.2–0"，在人机交互校正操作的同时，系统需要按照 *Matchlist* 的标记完成书写笔画的子笔画的切分，算法流程见图 73 所示。具体校正方法与"一对多"类型的校正方法类似，具体如图 72 所示。校正后效果如图 77 所示。

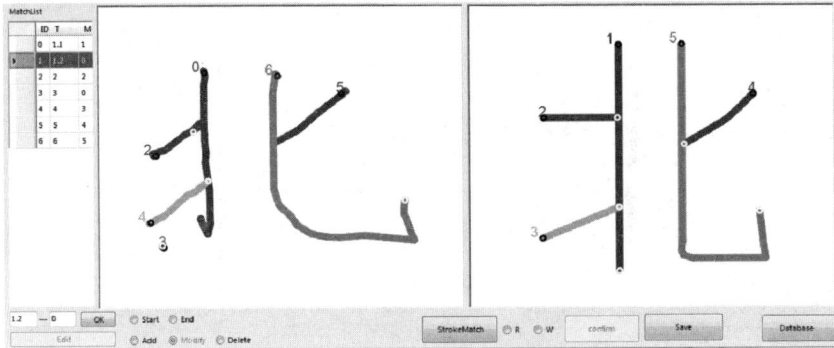

图 77 "子对空"校正后效果

6.4 实验结果

本书从 1 万余份包含 515 种汉字类型的数字墨水汉字中抽取了约 1000 个进行了抽样测试,程序在一台 Inter Corei7 处理器和 16G 内存的 PC 机进行实验。为了验证所提方法的有效性,设计了两个定量实验分别对可视化方法和校正方法进行测试。

6.4.1 可视化

本书针对数字墨水汉字的笔画匹配结果,采用颜色、图形以及数字序号表示进行可视化表达。为了验证所提方法的准确性以及对操作人员的认知效率提高的有效性,实验对不同类型的笔画匹配结果,通过单一色相 SR、色相均分 AC[如图 65(a)(b) 所示]、色相倒置 RC[如图 65(c)(d) 所示] 以及本书方法 VC[如图 65(e)(f) 所示] 在区分准确率 CD[100] 和笔画认知时间 TC 等三个性能指标进行比较实验。其中，区分准确率为汉字内全部笔画可以准确区分的比例；笔画认知时间为每个笔画平均认知的时间，单位为秒。具体实验结果如表 23 所示。

表 23　可视化方法比较实验结果

类型	汉字个数	SC		AC		RC		VC	
		CD	TC	CD	TC	CD	TC	CD	TC
一对一	761	100.0%	0.86	100.0%	0.71	100.0%	0.64	100.0%	0.57
一对多	133	77.78%	0.89	88.89%	0.78	100.0%	0.67	100.0%	0.44
多对一	101	71.43%	0.86	92.86%	0.79	100.0%	0.71	100.0%	0.64
一对空	15	100.0%	0.75	100.0%	0.63	100.0%	0.56	100.0%	0.31
子对空	65	72.00%	0.89	92.86%	0.79	100.0%	0.71	100.0%	0.64

从实验结果中可以看出，"一对一"和"一对空"类型的区分准确率为 100%，其他类型的区分准确率呈现从单一色相到色相均分，再到色相倒置和本书所提的颜色感知层次达到最高的 100%。从认知时间上看，从单一色相到色相均分，再到色相倒置，最后到本书所提的颜色感知层次的时间逐渐减少，其中"一对空"类型时间最少。

从实验结果分析，"一对一"类型由于书写质量较好，加之与模板字有对应关系，因而笔画具有完全的区分度。"一对空"类型由于其笔画的特殊性，多余的笔画的簇内距经常大于均值，因而较易分辨，认知时间也较短。四种不同的可视化方法从认知时间比较来看，本书所提的视距感知层次最为理想；从区分准确率来看，倒置色相 RC 的区分率已经可以到达 100%，但其认知时间略高于本书方法。由此可见，本书所提的可视化方法是有效的。

6.4.2 交互校正

为了验证所提校正方法的有效性，本书设计了一个验证实验。实验针对不同类型的笔画匹配结果提出了键盘操作数和鼠标操作数，用来验证校正方法的复杂度，其中键盘操作数为校正一个汉字平均敲击键盘按键的个数，鼠标操作数为校正一个汉字平均单击鼠标左键的次数。实验记录不同类型的校正平均时间以验证该方法的效率，具体实验结果如表 24 所示。

表 24 针对不同校正方法的实验结果

类型	汉字个数	键盘操作数	鼠标操作数	校正时间（秒）
一对一	761	1.1	9.2	28.01
一对多	133	6.3	17.8	48.83
多对一	101	1.2	9.1	22.34
一对空	15	1.4	5.1	18.27
子对空	65	4.5	17.3	45.77

从表 24 可以看出，各种类型的键盘操作数要少于鼠标操作数，每一步校正的平均耗时约为 2 秒。其中，"一对一"类型所在数量比例最大，校正方法从操作复杂度到校正时间都在平均值范围内；"一对多"类型的平均操作数最多，键盘与鼠标操作数之和超过 24 次，所以其字均校正时间也最多。

从实验结果中分析可知，"一对多"类型的校正操作数最多是因为在对"一对多"进行校正时，需要对笔画分割提取，产生新笔画，还要对剩余笔画进行标注，相当于要校正至少两个以上的笔画，因而操作复杂度和时间都需要相应增加；与"一对多"操作类似的"子对空"也是此类情况，所以操作复杂度和耗时都较多；而"一对空"的校正操作相对简单，操作数均值最少，因而耗时也最少。

6.5　本章小结

本章中提出了针对笔画匹配结果的可视化和相应的人机交互校正方法。在可视化方法上，本书通过颜色感知层次、图形符号以及数字序号表示法的多感知层次的使用，在准确表达笔画匹配结果、笔顺、笔向关系的同时，有效减轻了校正时操作人员的认知负担；在校正方法上，通过使用标记列表的方法将操作数据类型进行降维操作，简化操作过程。使用键盘和鼠标结合的操作手段，在系统的智能辅助下对不同类型的笔画匹配结果进行校正，为下一步的错误类型提取做准备。本书通过对不同笔画匹配结果的分组实验，比较了不同可视化方法的准确率和效率，实验结果表明所提方法是最有效的；在另一组实验中，统计比较了不同匹配结果的校正效率，实验结果也表明了所提方法的有效性。

第七章　基于标记列表的
笔画错误提取方法

在大数据量条件下对于手写数据的批量处理和分析是本书的研究重点，针对不同类型的书写错误给予相应的反馈是汉字书写研究的目标之一。在汉字的书写错误提取中，笔画错误的检测分析尤为重要。对于留学生而言，其书写习惯和特点差异性大，很难用规则的方法进行预定义，所以本书采用书写数据本身的信息特征进行提取，通过笔画匹配的方法建立动态生成的标记列表，从而针对相应的书写字进行书写错误的提取。

本章内容安排如下：首先，分析笔画匹配结果的标记列表的不同类型表示；然后，针对不同的类型提出了一种自适应提取方法，并且按照提取的步骤详细描述了每种类型的书写错误提取的过程；之后，通过实验验证了方法的有效性；最后给出本章小结。

7.1　标记列表与笔画错误的对应关系

在完成数字墨水汉字笔画匹配后，本书给出的 *Matchlist* 标记

列表作为匹配结果，依据不同类型的标记列表可以自适应提取错误
类型，包括笔顺错误、笔向错误、连笔、拆笔、多笔、少笔、余笔
和残笔等。具体为在 *Matchlist* 中的每个 *MatchItem* 包含的书写笔
画（子笔画）序号 *TestIndex*、模板笔画序号 *TempIndex* 及其标记点
OperaterPoints 相互之间不同的对应关系，即可给出其所表示的笔
画匹配结果中的不同的书写错误。具体标记类型和笔画错误类型的
对应关系如下。

（1）"一对一"对应"笔向"或"笔顺"错误：在 *MatchItem* 中
的书写笔画序号 *TestIndex* 与模板笔画序号 *TempIndex* 即代表各自笔
画的书写顺序，不相等时对应笔顺错误，同时也涵盖笔向错误。如
图 78、图 79 所示。

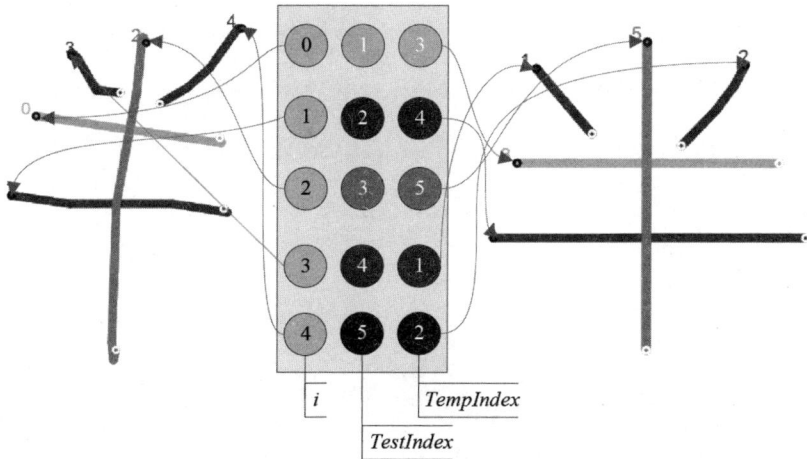

图 78　笔顺错误示意

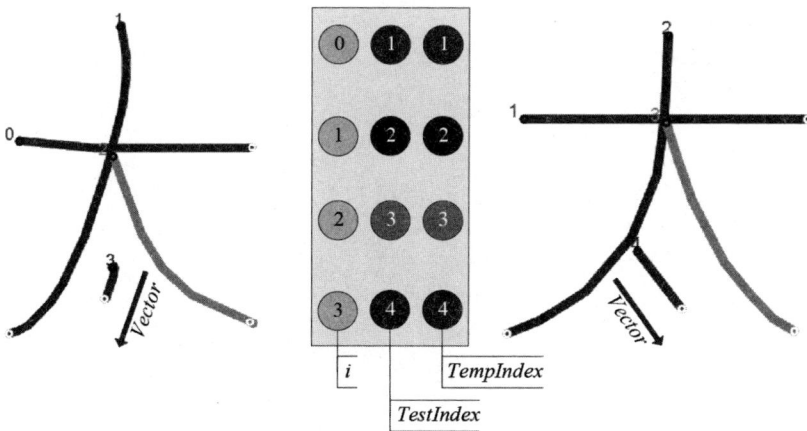

图 79　笔向错误示意

（2）"一对多"对应"连笔"：在 *MatchItem* 中的书写笔画序号 *TestIndex* 的特征及其对应的模板笔画序号 *TempIndex*，此类型直接对应连笔错误。如图 80 所示，书写字"爸"的 *MatchItem(1)* 和 *MatchItem(2)* 中 *TestIndex* 为"2.x"，对应不同的模板笔画序号 *TempIndex*，即"2.1–5, 2.2–7"。

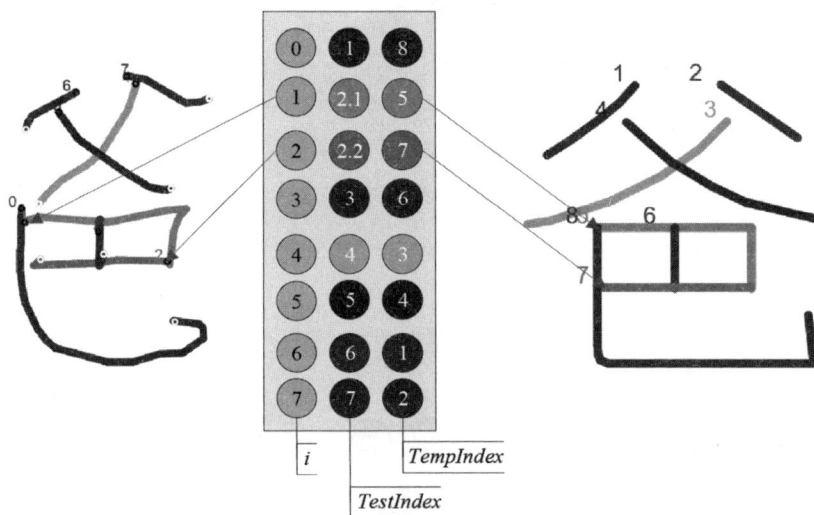

图 80　连笔示意

（3）"多对一"对应"拆笔"：在 *MatchItem* 中的书写笔画序号 *TestIndex* 的特征及其对应的模板笔画序号 *TempIndex*，此类型对应拆笔或多笔。拆笔如图 81 所示，书写字"比"的 *MatchItem(1)* 和 *MatchItem(2)* 中不同的书写笔画序号 *TestIndex*，对应相同的模板笔画序号 *TempIndex*，即"1-2, 2-2"。

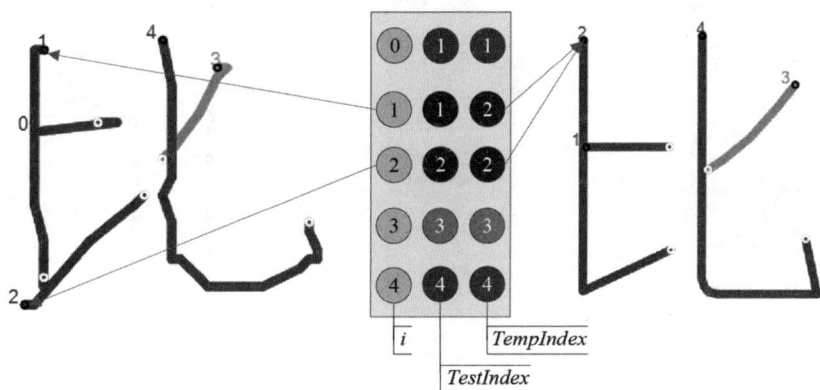

图 81　拆笔示意

（4）"一对空"对应"多笔"：在 *MatchItem* 中的书写笔画序号 *TestIndex* 的特征及其对应的模板笔画序号 *TempIndex*，此类型对应多笔。如图 82 所示，书写字"北"的 *MatchItem(1)* 中的书写笔画序号 *TestIndex* 对应的模板笔画序号为 0，即"2-0"。

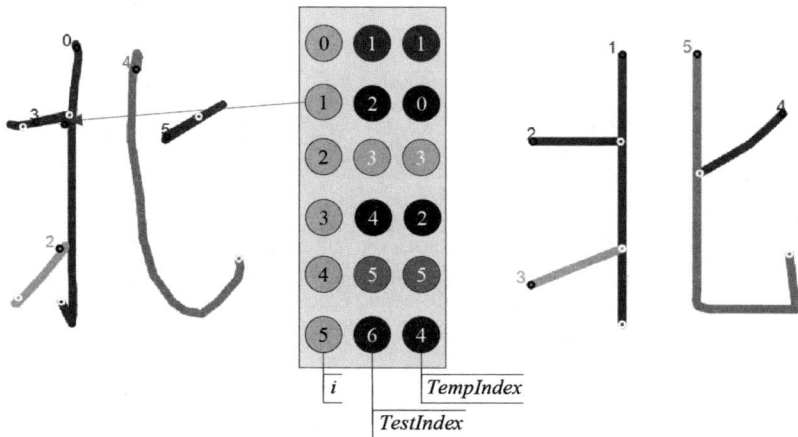

图 82　多笔示意

（5）"空对一"对应"少笔"：在 *MatchItem* 中的书写笔画序号 *TestIndex* 及其对应的模板笔画序号 *TempIndex* 之间的对应关系，此类型直接对应少笔。如图 83 所示，书写字"茶"缺少与模板字第六画对应的笔画，所以在笔画匹配结果中，*TempIndex(6)* 会出现缺失的情况，这时系统将自动生成新的 *MatchItem*(0–6)。

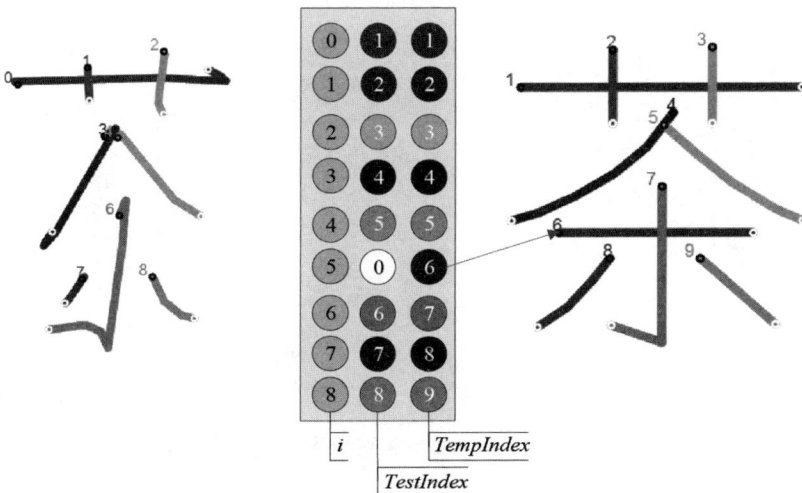

图 83　少笔示意

（6）"子对空"对应"余笔"：在 *MatchItem* 中的书写笔画序号 *TestIndex* 及其对应的模板笔画序号 *TempIndex* 之间的对应关系，此类型直接对应余笔。如图 84 所示，书写字"北"第一画中的第二个子笔画没有对应的模板笔画。

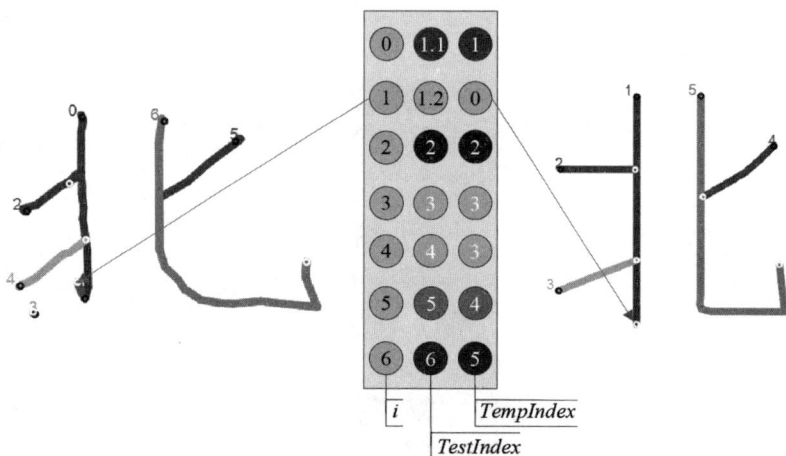

图 84　余笔示意

（7）"空对子"对应"残笔"：在 *MatchItem* 中的书写笔画序号 *TestIndex* 及其对应的模板笔画序号 *TempIndex* 之间的对应关系，此类型对应残笔。如图 85 所示，书写字"书"第二画"横折钩"缺少最后一部分"钩"。

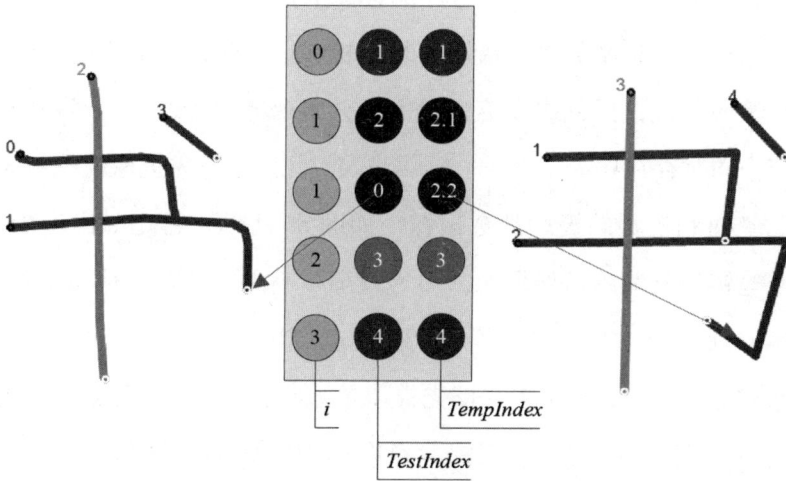

图 85　残笔示意

7.2 自适应错误提取

根据留学生的书写特征进行笔画匹配后，得到基于笔画匹配结果的标记列表 *Matchlist*，本书使用 *Matchlist* 结合书写和模板笔画数据，可针对书写数据中的不同书写错误进行自动提取，包括连笔、拆笔、多笔、少笔、余笔、笔向、笔顺等书写错误。

由于不同类型的书写错误有时是相互包含的，比如连笔错误常伴有笔向错误，拆笔或多笔错误也常会出现笔顺错误等。当一个书写字中同时存在连笔、笔向、笔顺错误时，如果不先提取连笔错误，那么笔向和笔顺的提取都会出错。如图 86 所示。再比如出现少笔或残笔错误的笔画错误提取，因为其虚拟笔画的存在，是不需要进行笔向判断的。因此，本书方法根据笔画错误类型的产生顺序，分层次对笔画错误进行提取。即先提取单笔画及相互笔画错误（拆笔、连笔、多笔、余笔），然后提取存在虚拟笔画的残笔和少笔错误，最后提取笔向和笔顺的全局动态错误。具体算法流程如图 87 所示。

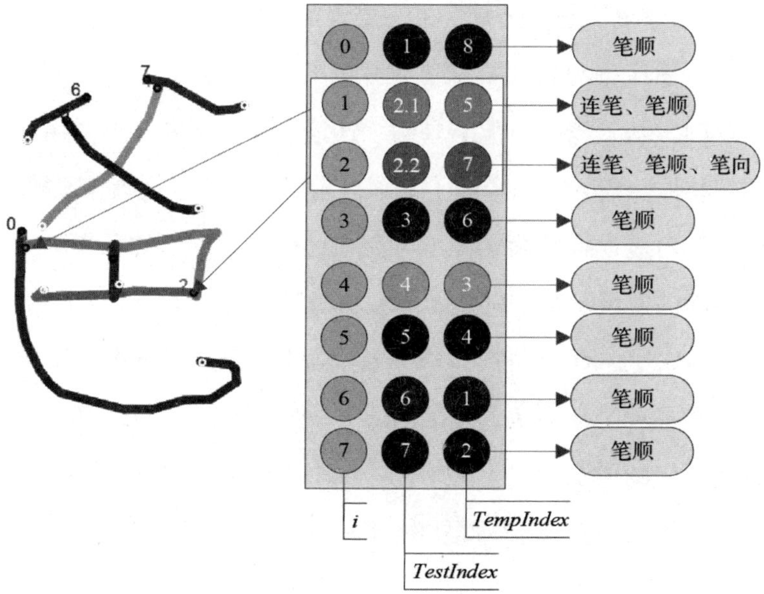

图 86　一字多错

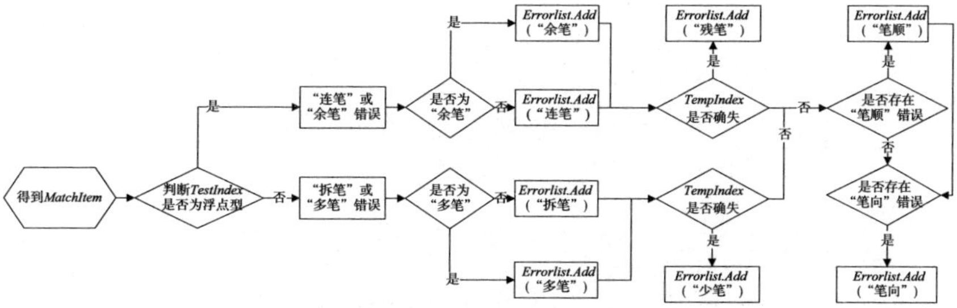

图 87　自适应书写错误提取方法流程

147

（1）"连笔"与"余笔"书写错误的提取

在自适应书写错误提取方法中，"连笔"和"余笔"是首先进行提取的。基于笔画匹配结果的"连笔"和"余笔"书写错误有着相似的特征，即书写笔画的子笔画对应不同的模板笔画；不同的是，"余笔"对应模板笔画实际上不存在，而"连笔"的子笔画对应真实的不同的模板笔画。具体提取方法为：首先遍历 *Matchlist* 查找所有 *TestIndex* 为浮点型的 *MatchItem*；若其 *TempIndex* 不同，则进行二次遍历；若 *TempIndex* 为 0，则为"余笔"；若 *TempIndex* 不为 0，则判断子笔画包围盒大小比率；若比率小于 1%，则为"余笔"，否则为"连笔"。具体流程如图 88 所示。

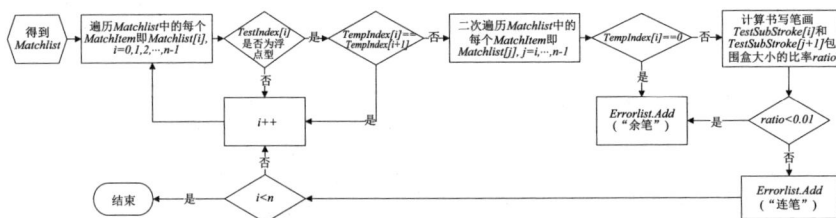

图 88　连笔与余笔的提取

（2）"拆笔"与"多笔"书写错误的提取

在基于笔画匹配结果的自适应书写错误提取方法中，"拆笔"或者"多笔"错误也有着相似的特征情况，即不同的书写笔画都对应相同的模板笔画；然而，"拆笔"书写错误指书写的笔画不能单独对应一个完整模板笔画。具体提取方法为：首先遍历 *Matchlist* 查找所有 *TestIndex* 为整型的 *MatchItem*；然后判断每个 *MatchItem* 对应的书写笔画和模板笔画的子字画个数是否相同，若其 *TempIndex* 不同，则进行二次遍历；判断书写笔画包围盒的重叠率；若比率大于 50%，则为"多笔"；否则判拆笔画与整字笔画簇内距的比率，若超过 2 倍，则为"多笔"；否则为"拆笔"。具体流程如图 89 所示。

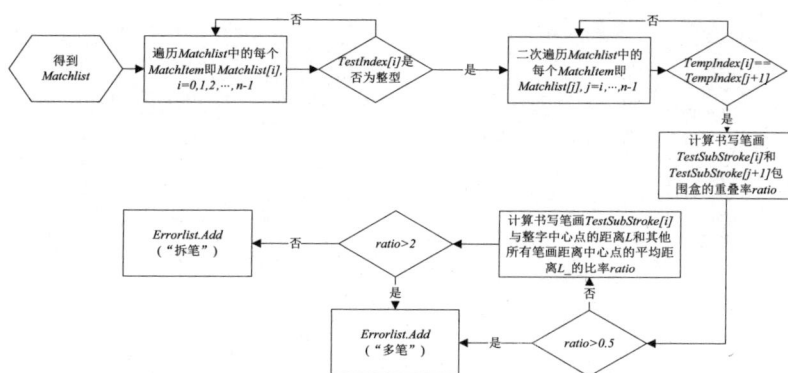

图 89　拆笔和多笔提取

（3）"少笔"与"残笔"书写错误的提取

在本书提出的自适应书写错误提取方法中，"少笔"和"残笔"都是第二步进行提取的。基于笔画匹配结果的"少笔"书写错误的特征为在 *Matchlist* 中缺少至少一组 *MatchItem* 的 *TempIndex*，从而模板笔画序号出现空缺。具体提取方法为：首先在 *Matchlist* 中

遍历每一个 *MatchItem*，查找是否存在模板笔画缺失的情况；若存在且 *TempIndex* 为整型，则该缺失的模板笔画 *i* 为"少笔"；新建一个 *MatchItem*，*TestIndex* 为 0，*TempIndex* 为 *i*；将 *MatchItem(0,i)* 插入到 *Matchlist[i-1]* 中；将 *MatchItem(0,i)* 的错误类型标记为"少笔"，否则存在"残笔"错误，新建一个 *MatchItem*，*TestIndex* 为 0，*TempIndex* 为 *i.x*；将 *MatchItem(0,i.x)* 插入到 *Matchlist[i-1]* 中；将 *MatchItem(0,i.x)* 的错误类型标记为"残笔"。具体流程如图 90 所示。

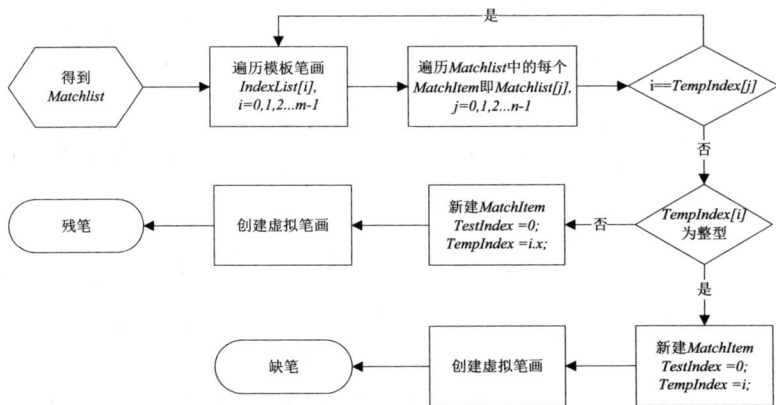

图 90　少笔和残笔提取

（4）"笔向"书写错误的提取

在以标记列表表达的笔画匹配结果中，"笔向"书写错误并没有明显的提取特征，因而方法需要通过标记列表 *Matchlist* 中所对应的笔画匹配进行遍历，查找书写的汉字笔画的方向与其对应的模板笔画的书写方向不同的匹配单元 *MatchItem*。笔画的起点到落点的方向向量 *Vector* 表示"笔向"，在 *Matchlist* 中，使用 *TestIndex* 对应的书写笔画的方向向量与 *TempIndex* 对应的模板笔画 *StandardTemp* 的方向向量进行比较。根据数字墨水汉字的八方向特征[101]，采用 45° 为方向向量的夹角阈值。

具体如图 91 所示，书写字"太"的第四画出现"笔向"错误，将其方向向量与模板笔画的方向向量进行比较，计算其夹角。具体算法流程图 92 如所示。

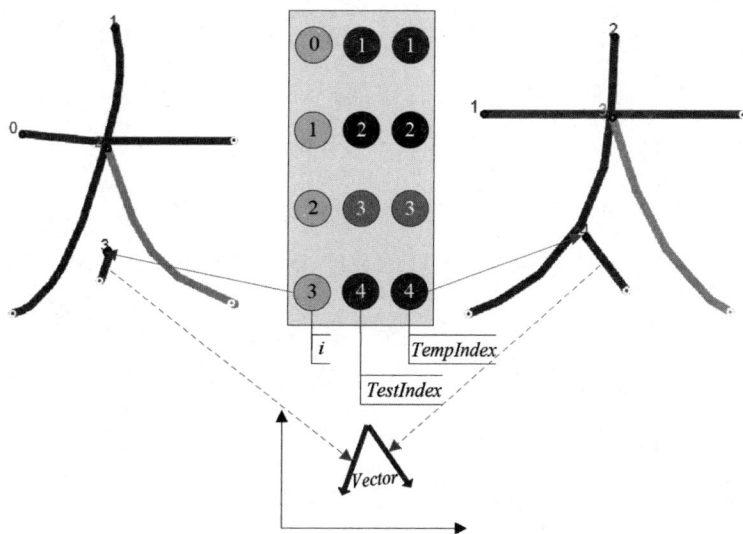

图 91　笔向错误提取示意

图 92　笔向书写错误提取流程

（5）"笔顺"书写错误的提取

在本书中，基于笔画匹配结果的"笔顺"指书写笔画与模板笔画的对应关系，在标记列表 *Matchlist* 中，实为 *TestIndex* 与 *TempIndex* 的对应关系。而由于留学生的书写错误往往不是单一情况出现，笔顺错误往往伴随着连笔或拆笔等书写错误，所以 *TestIndex* 也会随之发生数值变化，在进行笔顺错误提取时需要考虑到多种情况。因此，自适应书写错误提取方法将"笔顺"书写错误的提取放在最后一步进行。

如图 93 所示，书写字"爸"中，不但有笔顺错误，还包括了连笔、笔向错误等书写错误。具体算法为：首先遍历 *Matchlist* 中已提取的书写错误，若有"连笔"或"余笔"错误，则判断书写序号 *TestIndex* 的整数部分与模板序号 *TempIndex* 是否不对应；若是，则为"笔顺"错误；否则，继续遍历；若有"拆笔"或"多笔"错误，则判断书写序号 *TestIndex* 与模板序号 *TempIndex* 是否不对应；若是，则为"笔顺"错误；否则，继续遍历；若有"少笔"错误，则将模板序号 *TempIndex* 退位减一，并与书写序号 *TestIndex* 进行比较；若不相等，则为"笔顺"错误；否则，继续遍历直至结束。具体流程如图 94 所示。

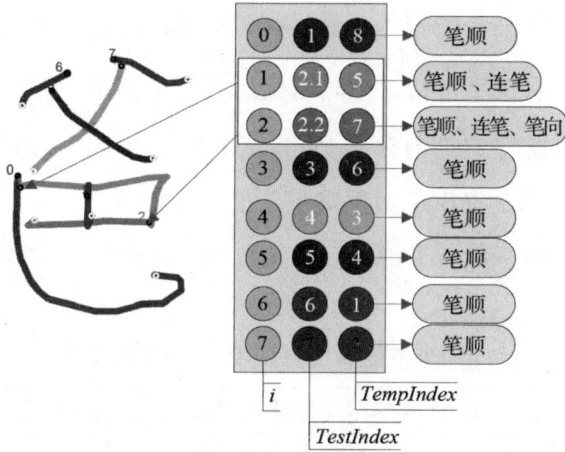

图 93　笔顺错误提取示意

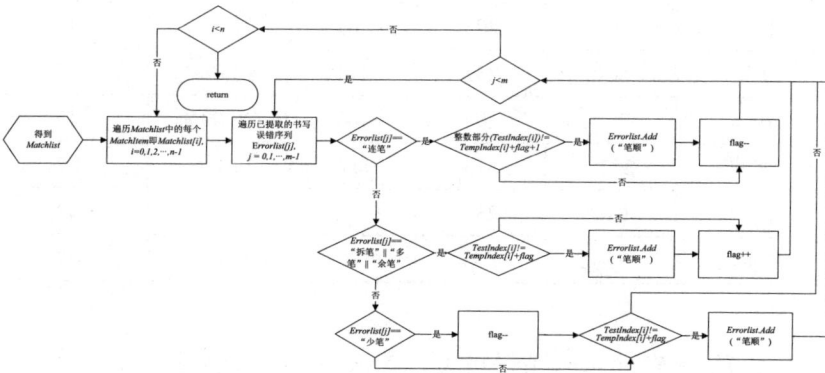

图 94　笔顺错误提取方法流程

7.3 实验结果

本章所述的书写错误提取方法在对 19815 份包含 515 种汉字类型的数字墨水汉字进行了笔画匹配后进行了测试，程序在一台 Inter Corei7 处理器和 16G 内存的 PC 机进行实验测试。为测试所提方法的有效性，本章提出了数据类型、汉字份数 NC、汉字类型数 NC_K、精度、召回率、耗时等指标，具体实验结果如表 25 所示。

表 25　笔画错误提取方法实验结果

错误类型	NC	NC_K	精度	召回率	耗时（毫秒）
少笔	593	238	100.0%	100.0%	56
连笔	988	439	98.75%	92.86%	47
余笔	560	309	98.21%	93.38%	65
拆笔	706	203	95.61%	92.59%	81
多笔	501	242	96.41%	95.08%	78
残笔	209	105	96.69%	98.09%	45
笔顺	2777	515	100.0%	100.0%	22
笔向	611	287	97.38%	95.20%	47
无错误	17532	535	99.91%	99.89%	42

从表 25 中的实验结果可见，本书方法对于少笔、笔顺书写错误的提取精度和召回率都达到了 100%；而对于其他错误的提取会出现一些误差，其中也会包含一些没有书写错误的汉字样本。

从实验结果来看，总体来说，少笔和笔顺错误的提取是基于笔画匹配结果的标记列表的直接映射，而其他书写错误的提取都在一定程度上使用了经验阈值。留学生手写样本的差异性导致了提取方法难以达到完全准确。具体来说，在界定"连笔"和"余笔"错误时，使用了笔画包围盒大小比率，本书方法以1%作为阈值进行判断，这样必然会有一定的误差；在界定"拆笔"和"多笔"错误时，本方法使用了笔画包围盒重叠率以及中心点离心率为经验阈值，也会有一定的误差；再比如"笔向"错误的判断，使用的是方向向量夹角阈值为45°。实验亦对没有书写错误的数据进行了测试，发现在提取笔向错误时，对于一些书写质量较差的数据会出现错误，导致了无错误数据与笔向错误的数据在提取时没有达到完全准确，其中无错误数据里也包含了一些书写质量较差的书写数据。同时，在实验时发现，书写错误往往伴随出现，比如连笔和笔向错误经常同时出现，拆笔和笔顺错误经常同时出现等。从时间消耗看，毫秒级的处理时间可以认为书写错误提取结果是实时反馈的。

7.4 本章小结

本章提出了一种基于笔画匹配结果的书写错误提取方法。针对留学生的手写数据自适应地提取错误，自动进行标记，是汉字智能处理的重要步骤，也是本书的研究重点。不仅如此，对大量的书写样本有效的标记和错误分类，为进一步开展留学生书写错误类型的智能分类学习研究提供了训练样本。

在本章中，首先，阐述了笔画匹配结果给出的不同类型及其包含的画笔错误类型，即静态书写错误中的多笔、少笔、拆笔、连笔和余笔以及动态书写错误中的笔顺和笔向错误；其次，介绍了根据笔画匹配结果中的标记列表进行自适应地书写错误提取的开展步骤和思路，具体来说就是每一步仅针对一类书写错误进行提取，通过三步的判断和提取，将所有的书写错误进行汇总；再次，分别详细介绍了各种书写错误的提取细节和步骤，给出了算法的细节；最后，通过实验对所提方法进行了验证，在实验分析中说明了误差产生的原因，虽然部分算法采用了经验阈值，但自适应的提取方法依然有效地解决了需要大量人工标注的问题，为进一步进行错误类型的智能学习研究提供了有效的训练样本。

第八章　数据测试与结果分析

8.1　数据采集

本书测试数据主要采集对象为自北京语言大学汉语进修学院
2012 年 9 月至 2013 年 1 月学期入学学习的"零起点"（即没有中文
学习经历）留学生。按入学时学生的汉语水平，该学期共分 16 个
"零起点"班，学生人数共计 357 人，本研究随机选取其中一个教
学班（如表 26 所示）进行跟踪数据采集。该班共有学生 22 人，分
别来自 14 个国家，包含了 12 种不同的母语。

表 26　学生信息

学生	初始汉语水平	学期	学期末水平[102]	国籍	性别
学生 1	零起点	2012.9~2013.1	600 词	保加利亚共和国	男
学生 2	零起点	2012.9~2013.1	600 词	大韩民国	女
学生 3	零起点	2012.9~2013.1	600 词	俄罗斯联邦	男
学生 4	零起点	2012.9~2013.1	600 词	俄罗斯联邦	男

续表

学生	初始汉语水平	学期	学期末水平[102]	国籍	性别
学生 5	零起点	2012.9~2013.1	600 词	俄罗斯联邦	男
学生 6	零起点	2012.9~2013.1	600 词	俄罗斯联邦	女
学生 7	零起点	2012.9~2013.1	600 词	俄罗斯联邦	女
学生 8	零起点	2012.9~2013.1	600 词	哈萨克斯坦共和国	男
学生 9	零起点	2012.9~2013.1	600 词	哈萨克斯坦共和国	男
学生 10	零起点	2012.9~2013.1	600 词	哈萨克斯坦共和国	女
学生 11	零起点	2012.9~2013.1	600 词	哈萨克斯坦共和国	女
学生 12	零起点	2012.9~2013.1	600 词	吉尔吉斯共和国	男
学生 13	零起点	2012.9~2013.1	600 词	几内亚	女
学生 14	零起点	2012.9~2013.1	600 词	马其顿共和国	女
学生 15	零起点	2012.9~2013.1	600 词	摩洛哥王国	男
学生 16	零起点	2012.9~2013.1	600 词	日本国	女
学生 17	零起点	2012.9~2013.1	600 词	瑞士	男
学生 18	零起点	2012.9~2013.1	600 词	塔吉克斯坦共和国	男
学生 19	零起点	2012.9~2013.1	600 词	塔吉克斯坦共和国	男
学生 20	零起点	2012.9~2013.1	600 词	土耳其共和国	男
学生 21	零起点	2012.9~2013.1	600 词	意大利共和国	男
学生 22	零起点	2012.9~2013.1	600 词	印度尼西亚共和国	男

　　测试数据使用 Anoto 数码笔[103]，采集自实际课堂教学过程，教材从《成功之路·入门篇》[104]、《成功之路·起步篇（第一册）》[105]到《成功之路·起步篇（第二册）》[102]共为三本。采集过程分为 35

课，共采集字形 533 种（如表 27 所示），字例 19815 份，书写方式包括摹写和听写两种（如图 95 所示），从不同的侧面考察留学生对于汉字的认知情况（见附录 2）。

表 27　字形表

	1	2	3	4	5	6	7	8	9	10	11	12	13	14	15	16	17	18	19	20
1	一	二	十	七	人	入	八	九	儿	几	了	刀	力	三	干	土	工	下	大	与
2	万	上	小	口	山	千	个	久	么	门	己	已	卫	子	女	习	马	乡	开	天
3	夫	元	云	木	五	支	不	太	友	车	比	少	日	中	水	贝	见	午	手	牛
4	毛	气	长	什	片	化	币	斤	介	从	父	今	分	公	月	风	六	文	方	火
5	为	认	心	以	书	末	打	去	古	节	本	可	左	右	石	东	北	业	目	叶
6	号	电	田	只	四	生	们	白	用	乐	外	冬	鸟	包	市	立	半	头	汉	写
7	让	礼	司	民	出	奶	加	边	发	对	母	式	动	考	老	地	场	共	机	过
8	再	西	在	有	百	毕	师	光	当	早	同	吃	岁	回	网	年	先	舌	乒	乓
9	休	件	自	向	后	行	全	会	合	名	多	色	交	衣	问	羊	关	米	池	忙
10	兴	字	那	阴	好	妈	欢	买	红	级	纪	进	远	运	坏	找	走	块	声	把
11	报	极	更	两	医	还	来	步	时	里	园	足	邮	男	听	吧	邑	别	针	告
12	我	利	每	体	作	低	住	位	身	卤	近	坐	条	迎	饭	系	言	床	冷	这
13	间	弟	汽	没	快	识	诉	词	层	迟	局	张	附	玩	现	拐	者	若	苹	直
14	柜	或	画	事	雨	码	厕	到	非	些	果	国	明	易	典	呢	咖	图	知	物
15	刮	和	季	的	往	所	舍	爸	朋	肥	服	周	鱼	店	放	刻	育	卷	法	油
16	泳	学	定	宜	空	试	房	视	话	妹	姐	姓	练	绍	春	帮	封	城	挺	挑
17	挤	拼	茶	南	药	查	相	树	要	咸	面	轻	点	尝	是	冒	星	昨	贵	思
18	咱	咳	哪	看	怎	适	香	种	秋	重	复	便	俩	信	很	食	胜	胖	饺	度
19	迹	亲	音	差	送	前	首	洗	觉	室	穿	客	语	祝	说	屋	孩	院	架	给

续表

	1	2	3	4	5	6	7	8	9	10	11	12	13	14	15	16	17	18	19	20
20	班	起	都	换	热	莱	真	校	样	哥	夏	较	桌	啊	钱	铁	租	笔	借	候
21	息	般	爱	脑	逛	留	高	准	座	病	疼	离	凉	站	旁	旅	拳	烧	酒	海
22	浴	流	润	涕	家	容	请	读	课	谁	调	通	能	难	预	球	教	聊	黄	菜
23	票	雪	辆	堂	常	晚	啡	唱	啤	银	甜	第	做	您	皎	假	得	教	象	够
24	馆	商	清	淡	寄	宿	骑	绿	超	喜	期	棋	椅	厨	晴	最	量	喊	跑	喝
25	喂	黑	短	等	舒	然	道	湿	温	游	谢	属	蓝	想	楼	概	感	零	输	睛
26	睡	暖	照	路	跟	噪	错	矮	筷	意	墙	歌	酸	嗽	蜡	算	鼻	瘦	辣	慢
27	赛	蕉	题	暴	影	踢	颜	操	篮	糕	澡	糟	燥							

　　表 27 中的全部 533 种字形，按汉字内笔画排序，从第 1 画"一"到第 17 画"燥"，平均笔画数为 7.8 画。从代表性来看，全部 533 个字形在 HSK 汉字大纲[106]共计覆盖了 526 个，达到 98.69%。

160

（摹写）　　　　　　　　　　　（听写）

图 95　不同书写方式

8.2　数据测试

如前文所述，书写数据在实际课堂教学过程中使用定制的点阵纸，按照摹写和听写两种方式进行采集（如图 95 及附录 1 所示），其中摹写为新学汉字时采集，听写则为复习考察前一次课上学习的汉字时采集。具体为：

（1）摹写：在每一行需要进行书写练习的"田字格"左边给出

161

一个模板字形示例，留学生参照"模板字"进行书写练习。摹写主要考察学生对于汉字基本字形结构的理解程度，包括笔画间的基本间架结构以及笔向、笔顺的掌握程度。具体测试结果如表 28 所示。

（2）听写：留学生根据汉字的读音在"田字格"中写出汉字。听写主要考察留学生对于汉字"音""形"对应关系的掌握以及该汉字书写信息的全局记忆情况。通常在规定书写时间内的听写汉字的书写质量要低于摹写汉字。具体测试结果见表 29。

表 28　摹写数据测试结果

书写人	字例	识别率	匹配率	少笔	多笔	连笔	拆笔	余笔	残笔	笔顺	笔向
学生 1	826	77.50%	87.50%	100%	88.57%	100.0%	91.89%	100.0%	72.59%	100%	90.63%
学生 2	868	83.33%	93.75%	100%	88.30%	100.0%	100.0%	89.53%	100.0%	100%	100.0%
学生 3	125	64.58%	89.58%	100%	100.0%	100.0%	86.67%	100.0%	100.0%	100%	100.0%
学生 4	692	77.08%	83.33%	100%	89.73%	96.67%	92.71%	100.0%	75.37%	100%	91.58%
学生 5	576	81.25%	85.42%	100%	100.0%	100.0%	88.90%	100.0%	100.0%	100%	87.18%
学生 6	567	72.92%	77.08%	100%	100.0%	95.45%	89.73%	100.0%	100.0%	100%	88.14%
学生 7	878	89.13%	91.67%	100%	79.67%	92.86%	100.0%	100.0%	100.0%	100%	100.0%
学生 8	186	43.75%	79.17%	100%	100.0%	100.0%	87.31%	100.0%	100.0%	100%	100.0%
学生 9	132	60.42%	66.67%	100%	100.0%	100.0%	76.09%	100.0%	100.0%	100%	100.0%
学生 10	861	70.83%	68.75%	100%	100.0%	100.0%	89.35%	100.0%	100.0%	100%	100.0%
学生 11	695	77.08%	72.92%	100%	100.0%	100.0%	100.0%	100.0%	100.0%	100%	100.0%
学生 12	641	72.92%	75.00%	100%	92.41%	95.00%	97.31%	96.61%	90.91%	100%	96.89%
学生 13	674	81.25%	87.50%	100%	94.40%	97.92%	96.02%	94.99%	100.0%	100%	95.41%
学生 14	917	89.58%	91.67%	100%	94.20%	100.0%	100.0%	94.81%	100.0%	100%	100.0%
学生 15	306	85.42%	89.58%	100%	90.20%	100.0%	100.0%	100.0%	100.0%	100%	91.96%
学生 16	959	91.67%	93.75%	100%	100.0%	100.0%	100.0%	92.67%	100.0%	100%	100.0%
学生 17	865	77.08%	83.33%	100%	100.0%	97.37%	100.0%	100.0%	100.0%	100%	100.0%
学生 18	699	81.25%	86.96%	100%	91.38%	100.0%	100.0%	100.0%	100.0%	100%	100.0%
学生 19	653	68.75%	83.33%	100%	100.0%	100.0%	100.0%	100.0%	100.0%	100%	91.91%
学生 20	209	64.58%	64.58%	100%	88.89%	100.0%	92.31%	100.0%	100.0%	100%	100.0%
学生 21	928	83.33%	85.42%	100%	100.0%	100.0%	100.0%	100.0%	100.0%	100%	100.0%
学生 22	356	81.25%	89.58%	100%	100.0%	100.0%	100.0%	100.0%	100.0%	100%	100.0%

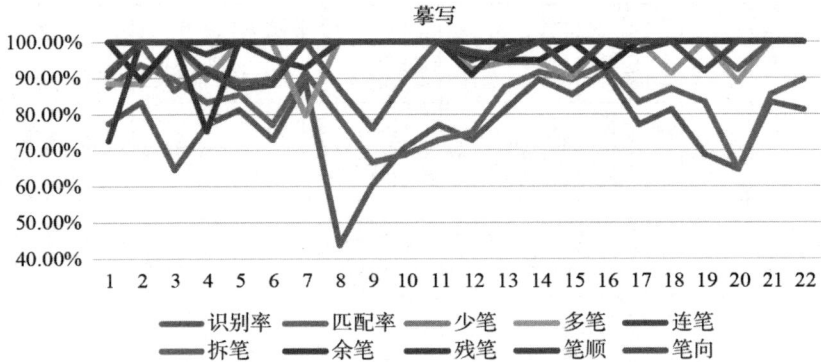

图 96　摹写数据测试

　　表 28 中 22 名学生的摹写数据的测试结果，表中数据分别给出了摹写的字例数量、摹写汉字的识别正确率、笔画匹配的正确率以及各项笔画错误的提取正确率。从摹写测试结果可见，本书所提的汉字笔画错误的提取方法，针对不同留学生的多种书写错误均达到了较高的提取正确率，说明了本书方法的有效性。在汉字识别率和笔画匹配率方面，由于不同学生的书写差异，正确率出现了波动的情况，如图 96 所示，主要是因为个别学生的汉语水平较低，导致书写质量下降，从而影响了汉字识别的正确率和汉字笔画匹配的正确率。

表 29　听写数据测试结果

书写人	字例	识别率	匹配率	少笔	多笔	连笔	拆笔	余笔	残笔	笔顺	笔向
学生 1	468	64.74%	77.78%	100%	89.84%	100.0%	92.79%	100.0%	100.0%	100%	100.0%
学生 2	398	75.38%	87.10%	100%	89.13%	100.0%	100.0%	100.0%	100.0%	100%	100.0%
学生 3	63	15.87%	73.33%	100%	100.0%	100.0%	89.09%	100.0%	100.0%	100%	100.0%
学生 4	331	24.17%	76.92%	100%	90.52%	100.0%	93.27%	100.0%	100.0%	100%	84.45%
学生 5	362	74.59%	76.67%	100%	85.96%	100.0%	100.0%	100.0%	100.0%	100%	100.0%
学生 6	110	27.27%	37.50%	100%	92.96%	94.91%	85.02%	93.70%	83.13%	100%	88.46%
学生 7	411	75.43%	86.36%	100%	100.0%	100.0%	100.0%	82.86%	100.0%	100%	100.0%
学生 8	65	32.31%	70.97%	100%	100.0%	100.0%	100.0%	100.0%	100.0%	100%	100.0%
学生 9	43	25.58%	24.69%	100%	100.0%	100.0%	93.59%	100.0%	70.09%	100%	92.60%
学生 10	354	56.50%	41.38%	100%	100.0%	100.0%	100.0%	100.0%	100.0%	100%	100.0%
学生 11	231	51.95%	23.53%	100%	100.0%	100.0%	100.0%	100.0%	100.0%	100%	100.0%
学生 12	72	29.17%	69.23%	100%	93.00%	95.86%	92.54%	96.87%	91.61%	100%	97.13%
学生 13	386	51.81%	71.43%	100%	100.0%	100.0%	93.51%	100.0%	89.04%	100%	100.0%
学生 14	556	75.72%	86.67%	100%	100.0%	100.0%	96.11%	95.10%	100.0%	100%	95.50%
学生 15	215	51.16%	60.33%	100%	100.0%	100.0%	95.31%	100.0%	100.0%	100%	100.0%
学生 16	483	85.09%	87.10%	100%	100.0%	100.0%	100.0%	93.19%	100.0%	100%	100.0%
学生 17	332	60.24%	67.74%	100%	100.0%	96.70%	95.65%	100.0%	100.0%	100%	94.97%
学生 18	301	49.83%	43.75%	100%	100.0%	100.0%	96.92%	100.0%	100.0%	100%	100.0%
学生 19	254	59.06%	62.50%	100%	100.0%	100.0%	94.75%	100.0%	100.0%	100%	100.0%
学生 20	0	0.00%	0.00%	0.00%	0.00%	0.00%	0.00%	0.00%	0.00%	0.00%	0.00%
学生 21	670	70.15%	67.33%	100%	100.0%	100.0%	92.09%	100.0%	100.0%	100%	100.0%
学生 22	97	30.93%	29.41%	100%	100.0%	100.0%	91.74%	100.0%	100.0%	100%	100.0%

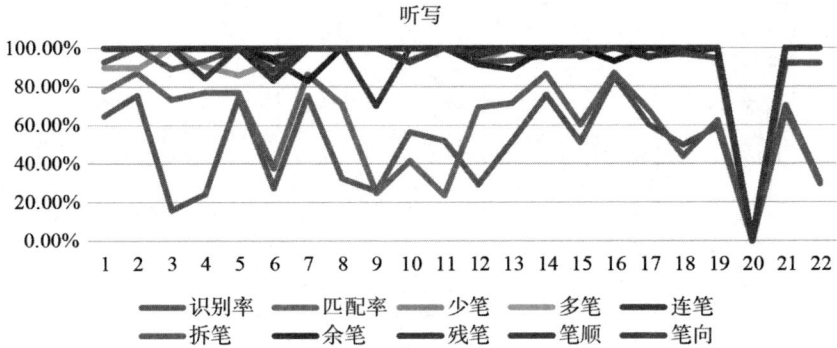

图 97　听写数据测试

表 29 中的"学生 20"没有听写数据，所以各项结果均为 0。较表 28 摹写数据测试结果，相同学生的听写数据在汉字识别率、笔画匹配率方面均低于摹写数据性能，说明书写质量对于本书方法在测试性能上是有影响的。此外，听写数据在笔画错误提取的正确率上并没有明显低于摹写数据，说明了本书所提方法的稳定性较好。

本书的核心研究内容为汉字笔画错误的提取方法，具体流程是通过对存在笔画错误的汉字进行识别，对应到模板汉字并与之进行笔画匹配，使用笔画匹配结果对汉字的笔画错误进行分类提取。在本节中，主要给出存在不同笔画错误的汉字在整个流程不同阶段的测试结果。

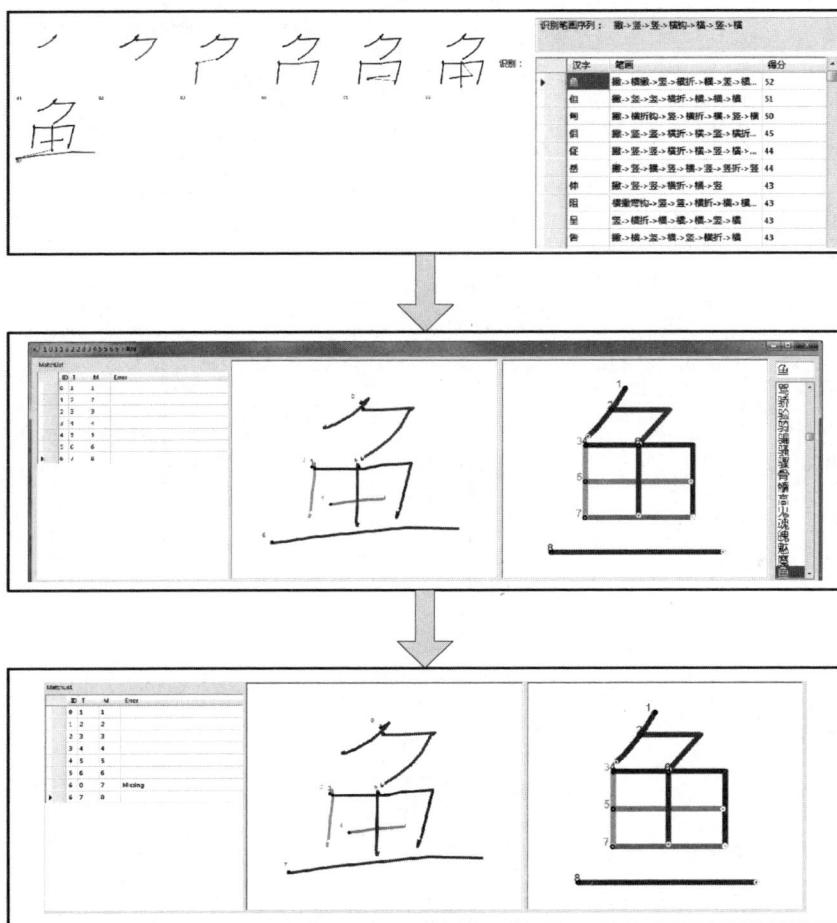

图 98　少笔测试结果

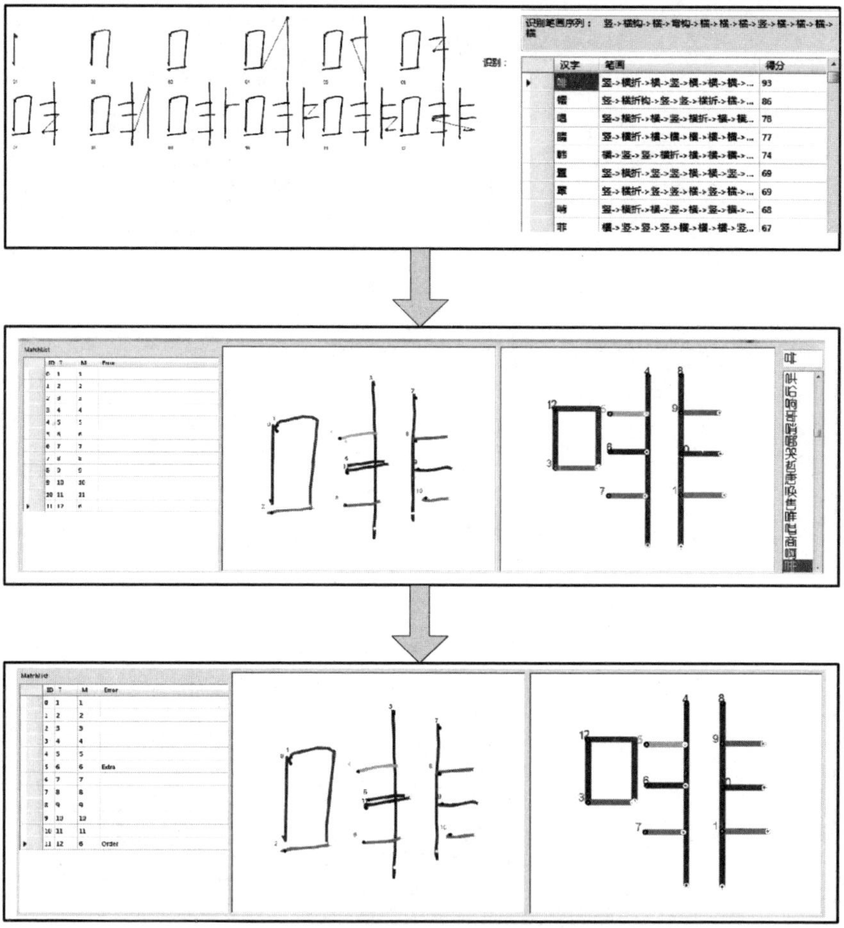

图 99　多笔和笔顺错误测试结果

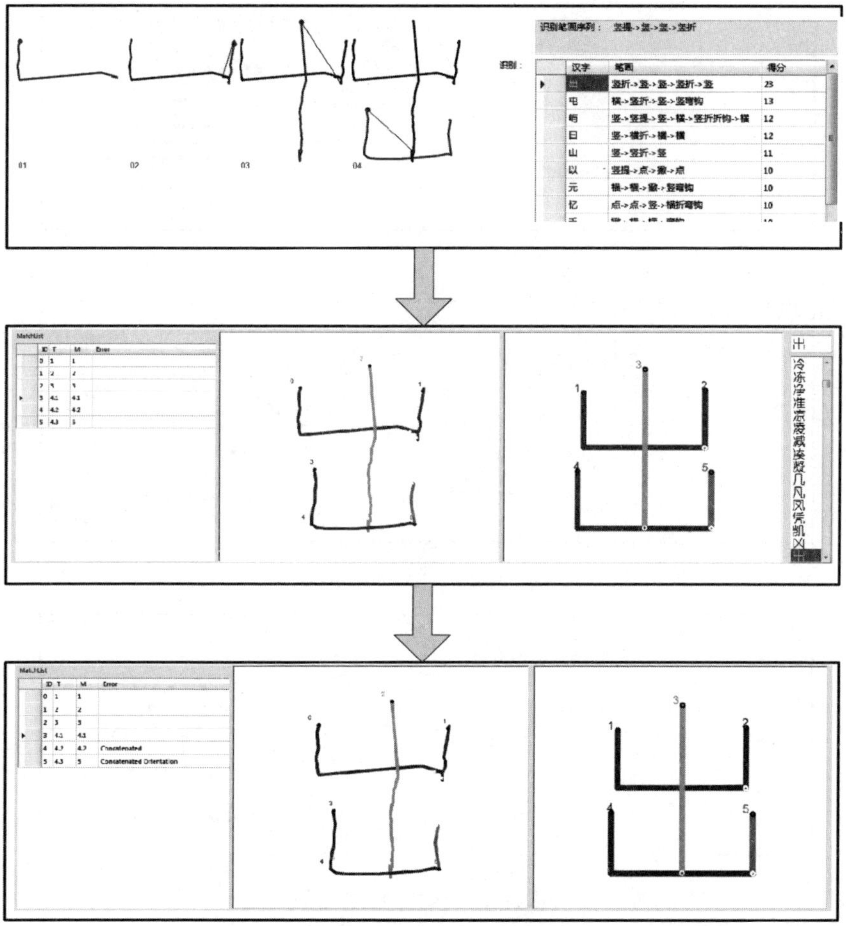

图 100 连笔和笔向错误测试结果

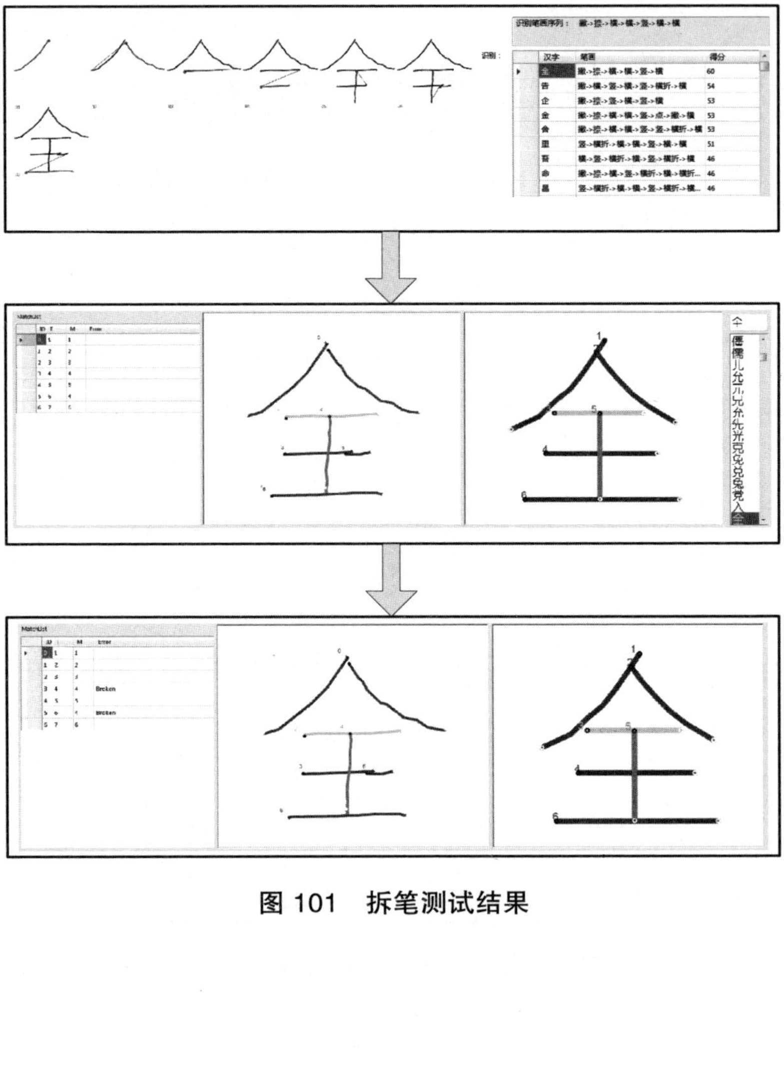

图 101 拆笔测试结果

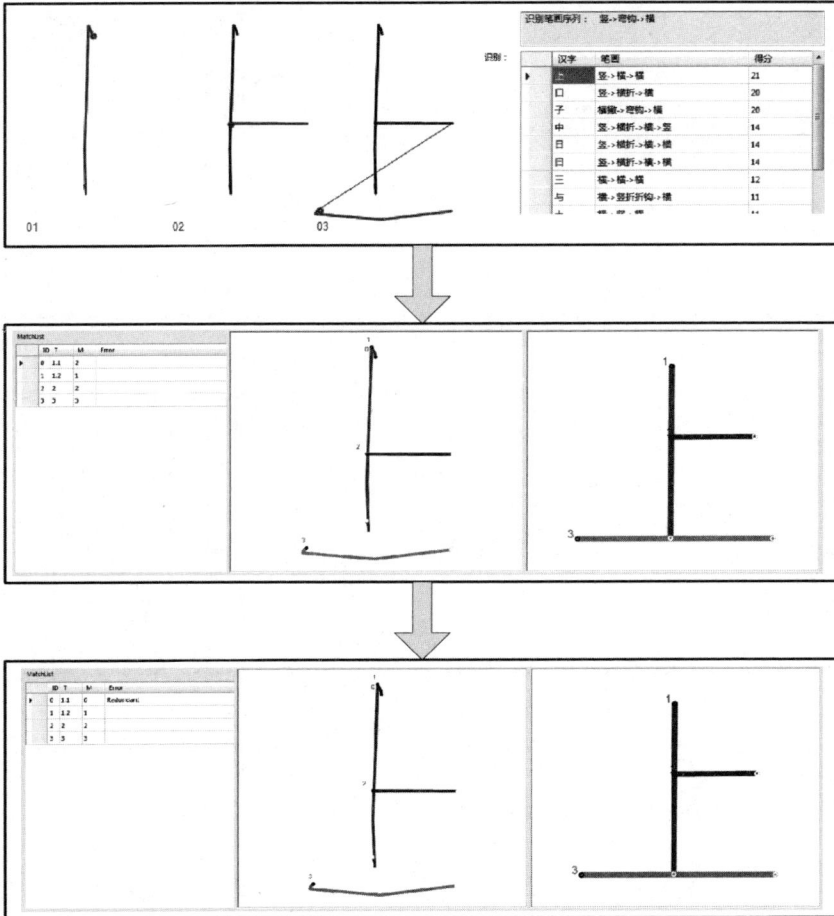

图 102　余笔测试结果

171

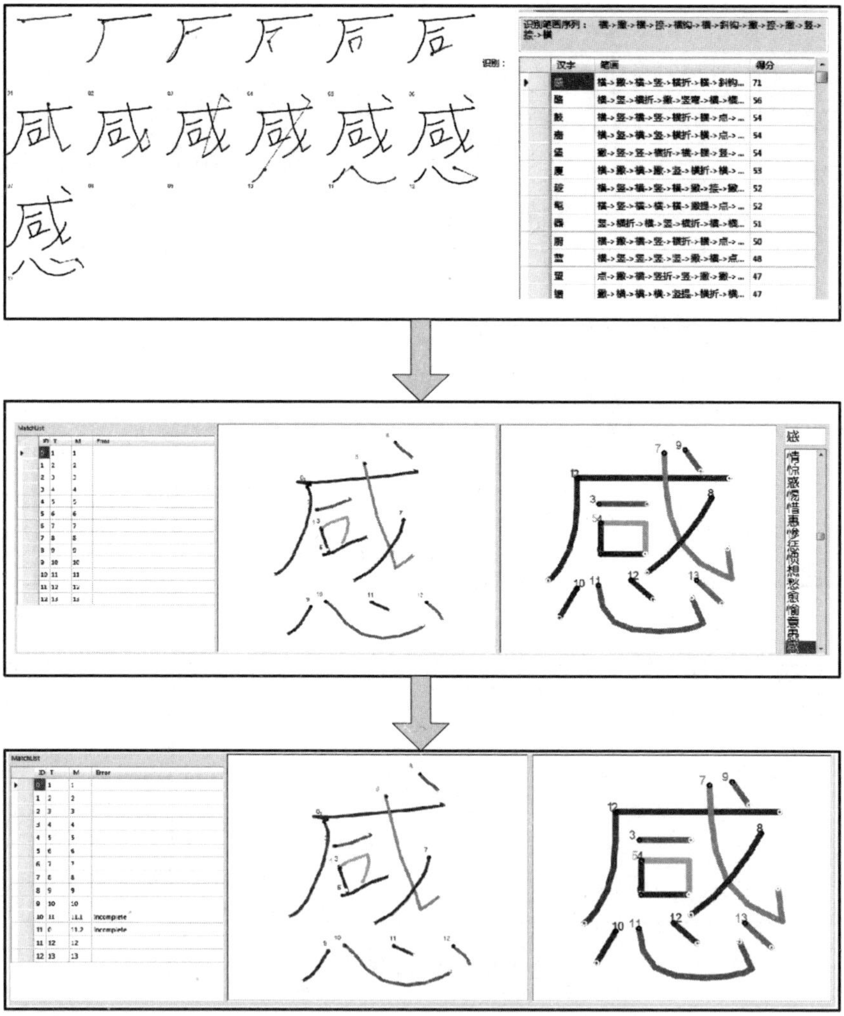

图 103　残笔测试结果

第九章 结 论

外国留学生受其母语及有限的汉语水平的影响，在书写汉字时会出现不同类型的书写错误，包括连笔、拆笔、少笔、多笔、笔顺及笔向错误等，本书基于数字墨水研究留学生手写汉字笔画错误的提取。

现有的汉字识别技术多以汉语母语者为主，在大数据和深度学习的支持下，已经取得了很高的识别率；但在特定样本集有限的情况下，留学生的手写汉字识别需要从书写数据本身出发进行考虑。在笔画匹配中，方法需要兼顾精度和效率；同时，匹配算法需要支持存在多种书写错误的汉字数据。最后，根据笔画匹配结果，结合学习者本身书写特点和习惯，提出一种自适应地进行错误提取的智能方法。

本书围绕以上重点和难点问题对留学生手写汉字错误提取的智能方法开展了一系列的研究工作，主要包括：

面向中文数字墨水文本的单字提取技术。墨水的分割技术是其结构化的基础，是后续的结构化编辑和识别的必须环节。从分割算法、可视化方法和交互校正三个方面对数字墨水的单字提取问题进行讨论，针对中文数字墨水文本中单字特点，提出了递归分割方法；针对单字提取结果中的错误类型，提出了面向错误分类的分割方法；针对单字提取结果的重叠问题，提出了自适应可视化方法；为提高校正提取结果的效率，提出了单字提取结果的可信度评价指标和基于可信度的可视化方法；通过分析用户的校正意图并结合可视化的图形，提出了以可视化图形为参考对象和辅助工具，符合用户意图的交互式校正方法。

针对留学生书写习惯及特点，提出了一种基于书写层次信息的汉字识别方法。首先根据汉字部件结构分类初步筛选出候选字，然后基于隐马尔可夫模型的笔画识别方法将识别结果提取为笔画名称序列再次遍历候选字给出识别结果。所提识别方法的验证实验分别从汉字笔画数、部件结构分类和不同书写错误类型对留学生书写数据进行了实验，实验结果表明对于留学生的实际手写数据的识别率最高可达 92.55%，对于部分书写错误的汉字识别率要优于现有主流方法。

本书提出了一种基于遗传算法的笔画匹配方法，首先为了适应不同书写质量和书写错误的各种书写字的要求，自适应地采用了包括序列编码、最大值编码和子笔画编码的编码方法；然后，针对不同的编码，选取适应度函数，并结合学习者的书写特征进行了优化；通过不断的进化过程，得到最优解。通过三组验证实验，对不同笔画数量、不同部件结构及存在不同书写笔画错误的手写汉字的笔画匹配进行实验，匹配正确率到达 90.17% 以上，实验结果表明所提方法满足存在各种不同的书写笔画错误的笔画匹配要求。

本书提出了针对笔画匹配结果的可视化及人机交互校正方法。根据笔画匹配结果的特点及其包含的信息量，采用颜色、图形符号、数字序号等多感知层次的可视化方法，有效合理地表示出笔画匹配结果，为人机交互校正提供前提条件。同时，设计出了一种操作方便、标注清晰的人机交互校正方法。通过对不同笔画匹配结果的分组实验，比较了不同可视化方法的准确率和效率，实验结果表明所提方法是最有效的；在另一组实验中，统计比较了不同匹配结果的校正效率，实验结果也表明了所提方法在人机交互方面的有效性。

本书提出了基于标记列表的书写笔画错误自适应提取方法。在手写汉字进行笔画匹配后，给出了标记列表作为匹配结果，结合汉字不同的书写错误产生顺序自适应提取书写错误，每步仅针对一类书写错误进行提取，最后将所有的书写错误进行累积。通过实验对所提方法进行了验证，结果表明所提方法是有效的，这为进一步进行错误类型的智能学习研究提供了有效的训练样本。

本书未来的研究工作将主要从以下三个方面开展。

首先，针对不同类型的书写错误给出恰当的反馈及改进方法，从而进一步提高汉字智能学习的水平。针对性的书写错误反馈，对于学习者的提高有着实际意义，结合相应的可视化的改进方法，使系统可以真正意义上对学习者进行汉字书写指导。

其次，对于本书提出的汉字识别分类器采用更加有效的算法，进一步提高汉字识别正确率，特别是存在各种笔画错误的汉字识别率。通过研究笔画错误产生的深层原因，采用更加先进的分类器，使留学生的手写汉字识别率进一步提高，尽量减少人机校正的次数，从而提升系统的自动化程度。

最后是针对书写错误类型的智能学习研究，当前的书写错误类型包括本书在内都是以给定的错误类型作为研究基础的，并不涵盖包括笔画位置关系等间架结构的研究。希望在本书研究的书写笔画错误提取分类的基础上，日后能对智能学习的方法进行深度的研究，从数据本身出发，有效地解决书写错误类型的分类问题。

总之，本书对留学生手写汉字笔画错误提取的智能方法的研究以书写层次模型的汉字识别为前提，通过面向错误提取的笔画匹配方法，结合人机交互校正，以笔画匹配结果为依据提取书写笔画错误，对不同书写者进行笔画错误提取。笔画错误提取是汉字书写研究的重要步骤，希望本书方法的提出能为未来的研究提供很好的借鉴。

附录1：摹写、听写纸张样图

第一题

同			习		
友			进		
哪			汉		
语			请		
都			朋		
外			难		
班			男		
字			名		
多			少		
国					

第五题

姓名：_____

附1–图1　摹写纸张

请将汉字工整地写在田字格内　　　　姓名：＿＿＿＿＿＿＿＿

(1)

(2)

(3)

(4)

(5)

(6)

(7)

(8)

(9)

(10)

(11)

(12)

(13)

(14)

(15)

(16)

(17)

(18)

附1- 图 2　听写纸张

附录 2：22 名学生实验数据样图

附2-图1 学生1实验数据

附2- 图2　学生2实验数据

附 2- 图 3　学生 3 实验数据

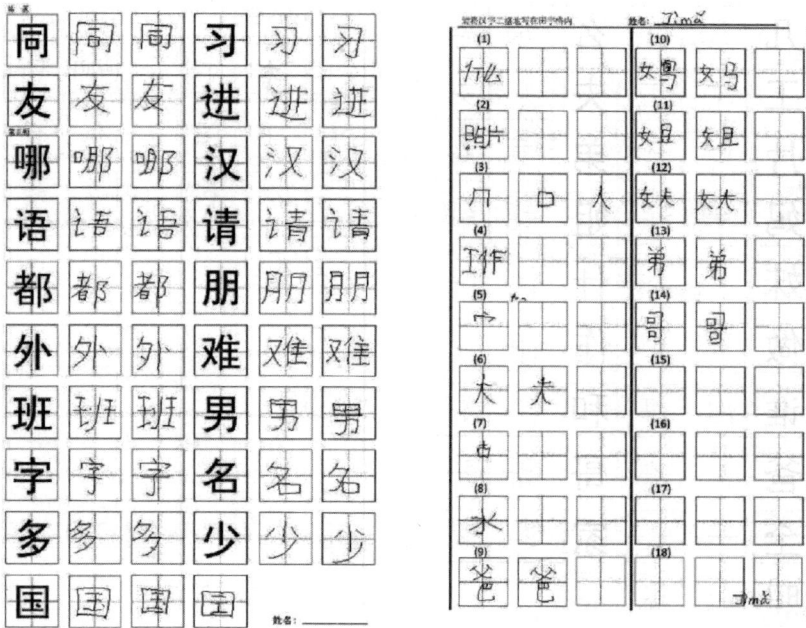

附 2- 图 4　学生 4 实验数据

附2- 图 5　学生 5 实验数据

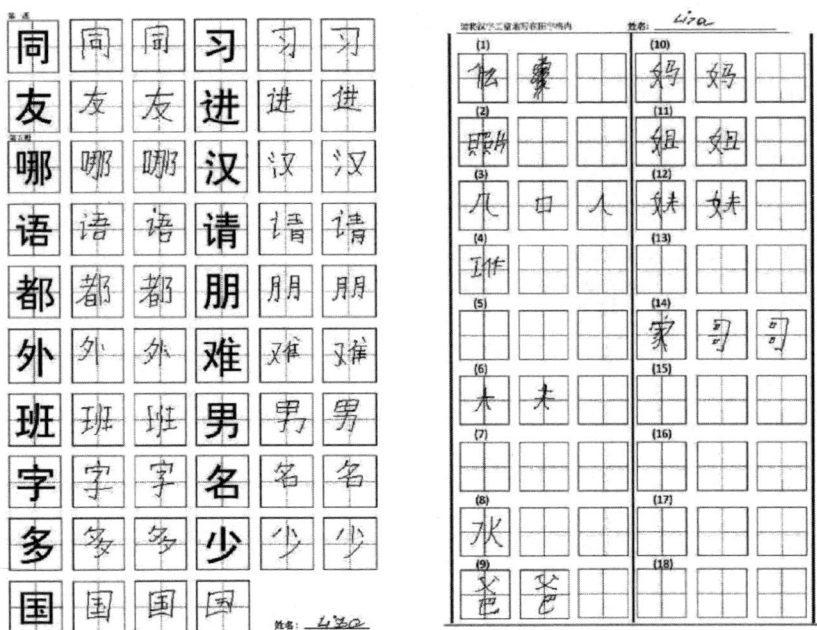

附 2-图 6 学生 6 实验数据

附 2- 图 7　学生 7 实验数据

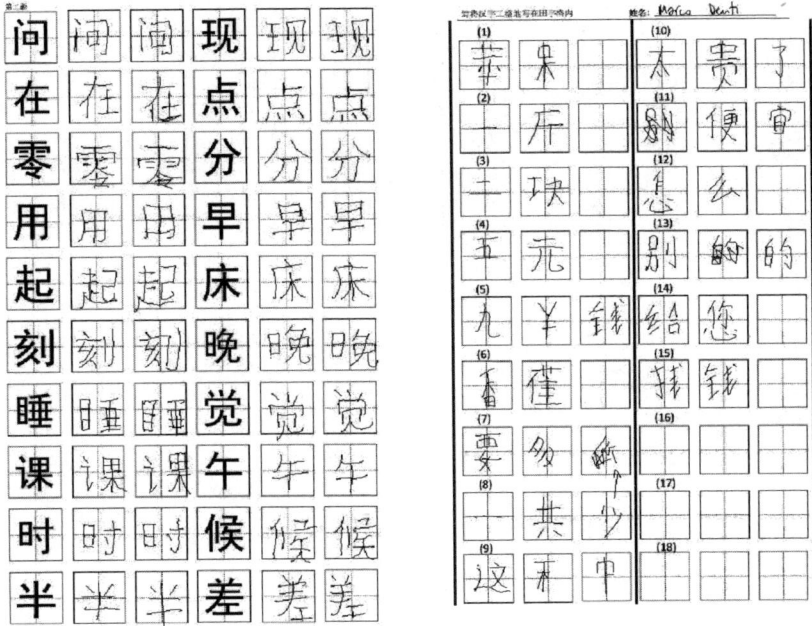

附2-图8 学生8实验数据

附2-图9 学生9实验数据

附2- 图 10   学生 10 实验数据

188

附 2- 图 11　学生 11 实验数据

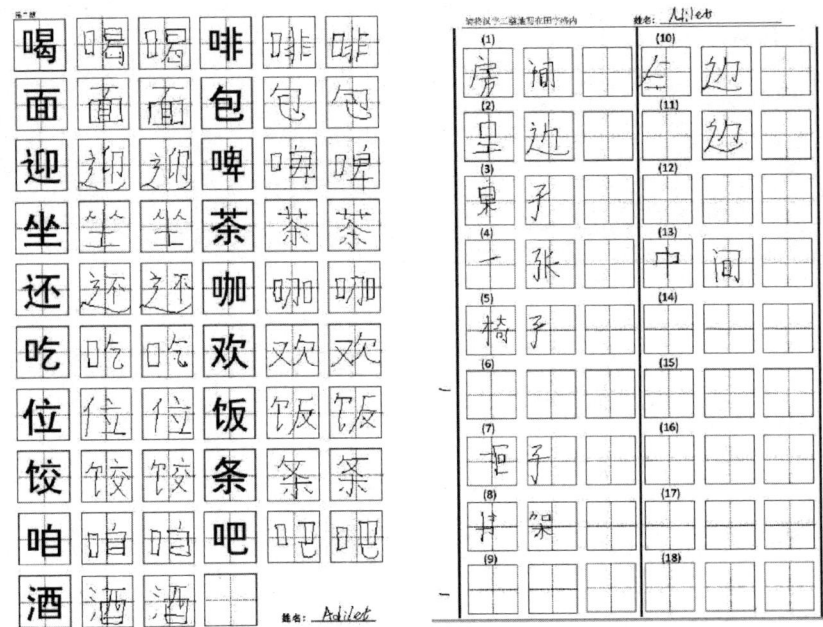

附 2- 图 12　学生 12 实验数据

附 2- 图 13　学生 13 实验数据

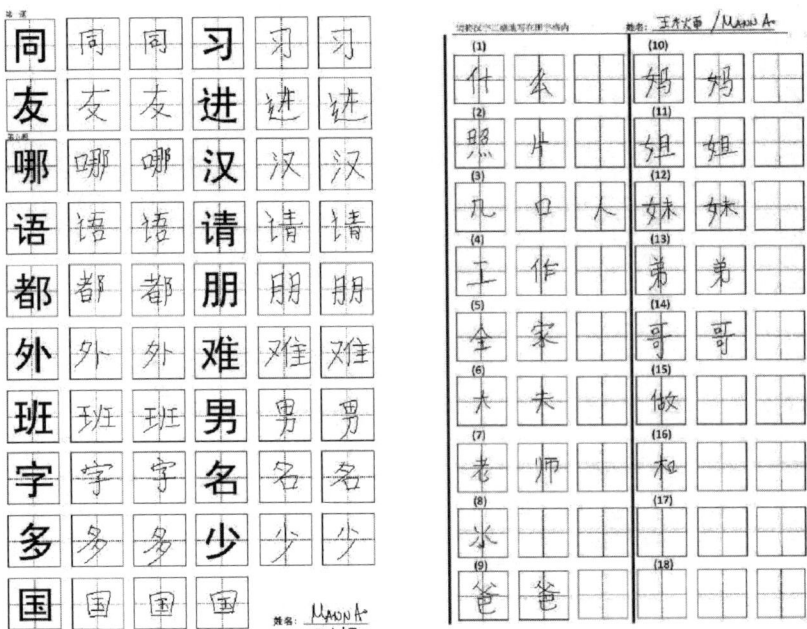

附2-图14　学生14实验数据

192

附 2- 图 15　学生 15 实验数据

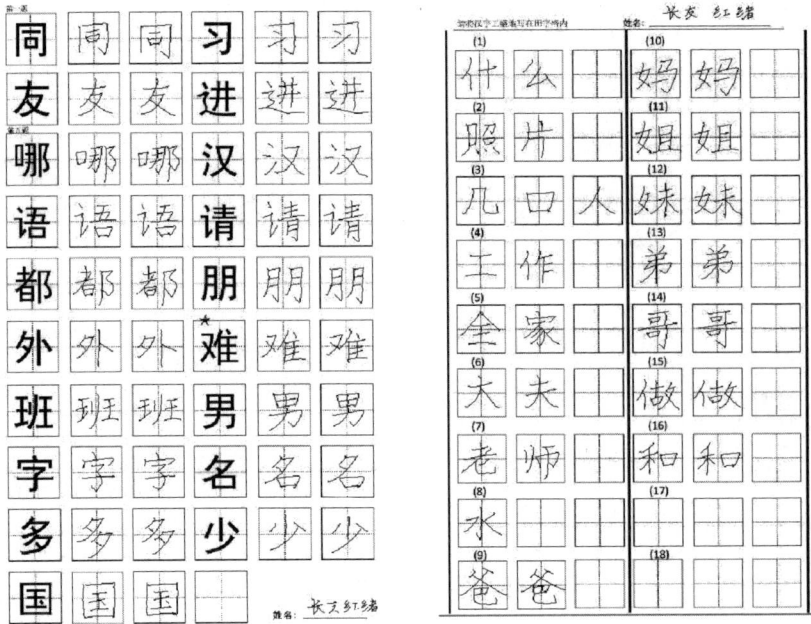

附 2- 图 16　学生 16 实验数据

附 2- 图 17　学生 17 实验数据

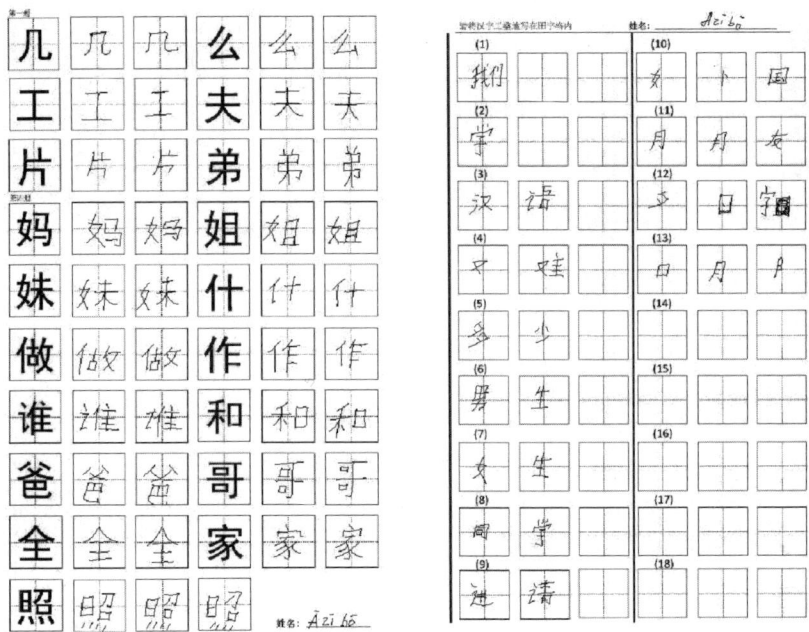

附2- 图18 学生18实验数据

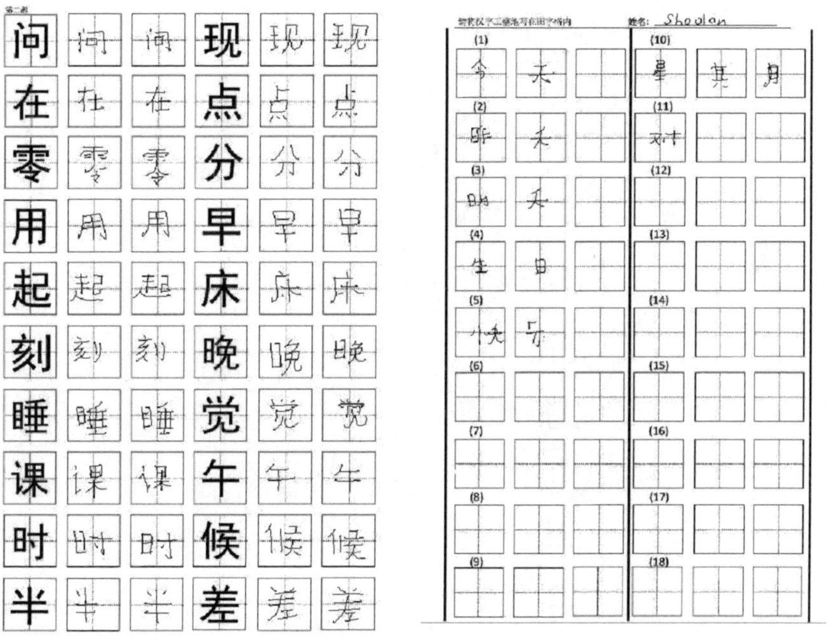

问	问	问	现	现	现
在	在	在	点	点	点
零	零	零	分	分	分
用	用	用	早	早	早
起	起	起	床	床	床
刻	刻	刻	晚	晚	晚
睡	睡	睡	觉	觉	觉
课	课	课	午	午	午
时	时	时	候	候	候
半	半	半	差	差	差

附 2- 图 19　学生 19 实验数据

197

附 2- 图 20　学生 20 实验数据

附 2- 图 21　学生 21 实验数据

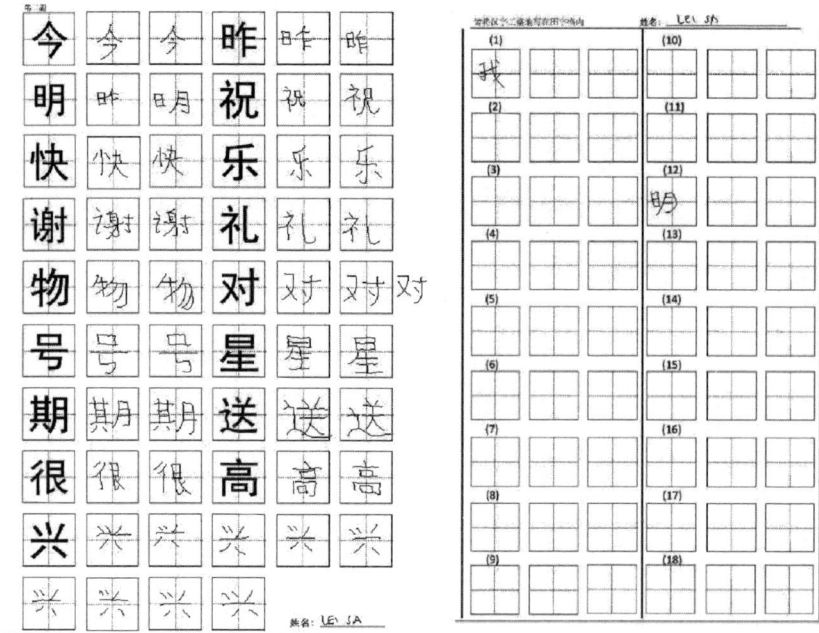

附 2- 图 22　学生 22 实验数据

参考文献

[1] 中华人民共和国教育部 . 现代常用字部件及部件名称规范 [M]. 北京 : 语文出版社 , 2009 : 72–75.

[2] 教育部语信司 . 汉字教学用通用键盘汉字字形输入系统评测规则 [Z]. 北京 : 语文出版社 , 2013.

[3] 商务印书馆辞书研究中心 . 新华写字字典 [M]. 北京 : 商务印书馆 , 2001.

[4] 梁彦民 . 汉字部件区别特征与对外汉字教学 [J]. 语言教学与研究 , 2004(4): 76–80.

[5] 张静贤 . 现代汉字教程 [M]. 北京 : 现代出版社 , 1992.

[6] 施正宇 . 外国留学生字形书写偏误分析 [J]. 汉语学习 , 2000(2): 38–41.

[7] 庄崇彪 , 金连文 . 在线汉字书写正误及工整的智能评判算法 [Z]. 信号处理 : 2005(21): 4.276–279

[8] 夏伟平 , 金连文 . 一种基于模板的联机手写体汉字布局评价方法 [C]. 2008 年全国模式识别学术会议 , 2008.

[9] Hu Z H, Xu Y, Huang L S, et al. A Chinese Handwriting Education

System with Automatic Error Detection[J]. Journal of Software, 2009, 4(2): 101–107.

[10] Li J, Zhang X. The design and implementation of multimedia intelligent tutoring system for Chinese characters[C]. In: IEEE First International Conference on Multi–Media Engineering Education Proceedings,1994: 459–463.

[11] Lam H C, Ki W W, Law N, et al. Designing CALL for learning Chinese characters[J]. Journal of Computer Assisted Learning, 2001, 17(1): 115–128.

[12] Han C C, Chou C H, Wu C S. An interactive grading and learning system for chinese calligraphy[J]. Machine Vision & Applications, 2008, 19(1): 43–55.

[13] Chen G S, Yao H C, Jheng Y D. On–line Assessment for the Stroke Order of Chinese Characters Writing[J]. 2008.

[14] Tam V, Yeung K W. Learning to write Chinese characters with correct stroke sequences on mobile devices[C]. In: International Conference on Education Technology and Computer,2010. V4–V395.

[15] Corder S P. Introducing applied linguistics[M]. 1973.

[16] 江新，柳燕梅. 拼音文字背景的外国学生汉字书写错误研究 [J]. 世界汉语教学 , 2004(1): 60–70.

[17] Subrahmonia J, Zimmerman T. Pen Computing: Challenges and

Applications[C]. In: IEEE Xplore,2000.

[18] 张习文，高秀娟，戴国忠. 基于多层次信息的连续手写中文的自适应分割方法 [J]. 计算技术与自动化 , 2003.

[19] 张世龙，张习文. 基于笔划间距分类的自适应提取单字方法 [J]. 信息技术 , 2005(8): 80–82.

[20] 韩勇，须德，戴国忠. MST 在手写汉字切分中的应用 [J]. 软件学报 , 2006, 17(3): 403–409.

[21] 苏蕊，张习文，梁永全，等. 基于结构理解的笔迹智能编辑 [J]. 系统仿真学报 , 2006, 18(S1): 371–373.

[22] Bal A, Saha R. An Improved Method for Text Segmentation and Skew Normalization of Handwriting Image[J]. 2018: 181–196.

[23] Lin Y T, Chen R C. Segmenting handwritten Chinese characters based on heuristic merging of stroke bounding boxes and dynamic programming[J]. Pattern Recognition Letters, 1998, 19(10): 963–973.

[24] 赵宇明，江兴智，施鹏飞. 基于笔划提取和笔划合并的离线手写体汉字字符切分算法 [C]. 第十五届全国红外科学技术交流会 , 2001.

[25] Shilman M, Wei Z, Raghupathy S, et al. Discerning structure from freeform handwritten notes[C]. In: Seventh International Conference on Document Analysis and Recognition, 2003. Proceedings.IEEE, 2003: 60–65.

[26] Blanchard J, Artieres T. On-line handwritten documents segmentation[C]. Proceedings of the 9th International Workshop on Frontiers in Handwriting Recognition Tokyo, Japan, 2004: 148–153.

[27] Brodić D. Text Line Segmentation With Water Flow Algorithm Based on Power Function[J]. Journal of Electrical Engineering, 2015, 66(3): 132–141.

[28] Hong C, Loudon G, Wu Y, et al. Segmentation and Recognition of Continuous Handwriting Chinese Text[J]. International Journal of Pattern Recognition & Artificial Intelligence, 1998, 12(2): 223–232.

[29] Collins M. Discriminative Training Methods for Hidden Markov Models: Theory and Experiments with Perceptron Algorithms[J]. Theoretical Computer ence, 2002, 410(21–23): 2279–2284.

[30] Xu L, Fan W, Sun J, et al. An HMM–based Over–Segmentation Method for Touching Chinese Handwriting Recognition[Z]. 2016: 343–348.

[31] Choudhury H, Mandal S, Prasanna S R M. Exploiting forced alignment of time–reversed data for improving HMM–based handwriting segmentation[J]. Expert Systems with Applications, 2019, 121: 158–169.

[32] Bluche T. Joint Line Segmentation and Transcription for End–to–End Handwritten Paragraph Recognition[J]. 2016.

[33] 丁晓青. 汉字识别研究的回顾 [J]. 电子学报, 2002, 30(9): 1364–

1368.

[34] 张青，尹俊勋. 小波变换在手写体汉字识别中的应用 [J]. 电路与系统学报 , 1996, 1(3): 63–67.

[35] Wang X, Ding X, Liu C. Optimized Gabor Filter Based Feature Extraction for Character Recognition[C]. In: International Conference on Pattern Recognition, 2002. Proceedings, 2002: 223–226.

[36] Masamizu K, Uchimura S, Hamamoto Y, et al. Gabor Features for Handprinted Chinese Character Recognition[J]. Ieice Technical Report Pattern Recognition & Understanding, 1994, 94: 43–48.

[37] Kato N, Suzuki M, Shin, et al. A Handwritten Character Recognition System Using Directional Element Feature and Asymmetric Mahalanobis Distance[J]. IEEE Transactions on Pattern Analysis & Machine Intelligence, 1999, 21(3): 258–262.

[38] Wu X, Wang K, Zhang D. Fuzzy Directional Element Energy Feature (FDEEF) Based Palmprint Identification[C]. In: International Conference on Pattern Recognition, 2002: 10095.

[39] Liu C L, Nakashima K, Sako H, et al. Handwritten digit recognition: investigation of normalization and feature extraction techniques[J]. Pattern Recognition, 2004, 37(2): 265–279.

[40] Liu H, Ding X. Handwritten character recognition using gradient feature and quadratic classifier with multiple discrimination

schemes[C]. In: Eighth International Conference on Document Analysis and Recognition, 2005: 19–25.

[41] Okumur D, Uchida S, Sakoe H. An HMM Implementation for On–line Handwriting Recognition – Based on Pen–Coordinate Feature and Pen–Direction Feature[C]. In: Eighth International Conference on Document Analysis and Recognition, 2005: 26–30.

[42] 刘家锋，黄健华，唐降龙. 基于 HMM 的联机汉字识别系统及其改进的训练方法 [J]. 中文信息学报 , 2001, 15(4): 48–53.

[43] 赵巍，刘家锋，唐降龙. 基于部件 HMM 级联的联机手写体汉字识别方法 [J]. 哈尔滨工业大学学报 , 2004, 36(5): 570–573.

[44] Ding K, Jin L. Incremental MQDF Learning for Writer Adaptive Handwriting Recognition[C]. In: International Conference on Frontiers in Handwriting Recognition, 2010: 559–564.

[45] Gao X, Wen W, Jin L. A New Feature Optimization Method Based on Two–Directional 2DLDA for Handwritten Chinese Character Recognition[C]. In: International Conference on Document Analysis and Recognition, 2011: 232–236.

[46] Sreeraj M, Idicula S M. k–NN Based On–Line Handwritten Character Recognition System[J]. Journal of Information Science & Engineering, 2010, 25(3): 779–791.

[47] Kolcz A, Alspector J, Augusteijn M, et al. A Line–Oriented Approach

to Word Spotting in Handwritten Documents[J]. Pattern Analysis & Applications, 2000, 3(2): 153–168.

[48] Chuang S J, Zeng S R, Chou Y L. Neural Networks for the Recognition of Traditional Chinese Handwriting[C]. In: IEEE International Conference on Computational Science and Engineering, Cse 2011, Dalian, China, August, 2011: 645–648.

[49] Bojovic M, Savic M D. Training of Hidden Markov Models for Cursive Handwritten Word Recognition[C]. In: International Conference on Pattern Recognition, 2000. Proceedings, 2000: 973–976.

[50] Brakensiek A, Rigoll G. Handwritten Address Recognition Using Hidden Markov Models[C]. In: Reading and Learning, Adaptive Content Recognition, 2004: 103–122.

[51] Su T H, Liu C L. Improving HMM–Based Chinese Handwriting Recognition Using Delta Features and Synthesized String Samples[J]. International Conference on Frontiers in Handwr, 2010.

[52] Hinton G E, Salakhutdinov R R. Reducing the Dimensionality of Data with Neural Networks[J]. Science, 2006, 313(5786): 504.

[53] Hinton G, Osindero S, Teh Y. A Fast Learning Algorithm for Deep Belief Nets[J]. Neural Computation, 2006, 18(7): 1527–1554.

[54] 潘炜深，金连文，冯子勇 . 基于多尺度梯度及深度神经网络的汉字识别 [J]. 北京航空航天大学学报 , 2015, 41(4): 751–756.

[55] Yang W, Jin L, Xie Z, et al. Improved deep convolutional neural network for online handwritten Chinese character recognition using domain-specific knowledge[C]. In: International Conference on Document Analysis and Recognition, 2015. 551–555.

[56] Yin F, Wang Q F, Zhang X Y, et al. ICDAR 2013 Chinese Handwriting Recognition Competition[J]. 2013(ICDAR): 1464–1469.

[57] Zhang X Y, Bengio Y, Liu C L. Online and Offline Handwritten Chinese Character Recognition: A Comprehensive Study and New Benchmark[J]. Pattern Recognition, 2016, 61(61): 348–360.

[58] Zhang X Y, Yin F, Zhang Y M, et al. Drawing and Recognizing Chinese Characters with Recurrent Neural Network[J]. 2016.

[59] 朱志平. 汉字在第二语言教学中的位置——论非汉语语境下的汉字教学 [J]. 民俗典籍文字研究, 2015(1).

[60] Chen G S, Jheng Y D, Lin L F. Computer-based Assessment for the Stroke Order of Chinese Characters Writing[C]. In: icicic, 2007: 160.

[61] Kim I J, Liu C L, Kim J H. Stroke-guided pixel matching for handwritten Chinese character recognition[C]. In: International Conference on Document Analysis and Recognition, 1999: 665–668.

[62] An W, Li C. Automatic matching of character strokes for computer-aided Chinese handwriting education[C]. In: International Conference on E-Education, Entertainment and E-Management, 2011: 283–288.

[63] Ahmad Jaini A. Stroke–to–stroke matching in on–line signature verification[J]. on–line signature verification, signature data, DTW algorithm, 2010.

[64] 荀恩东，吕晓晨，安维华，等. 面向书写教学的手写汉字图像笔画还原 [J]. 北京大学学报 (自然科学版), 2015, 51(2): 241–248.

[65] 谢建斌，戴永，李文涛. 基于书写过程监测的汉字书写自动教学方法 [J]. 计算机工程 , 2016, 42(1): 187–192.

[66] 韩睿方，安维华，荀恩东，等. 汉字书写过程中笔画规范性的实时分级评判 [J]. 计算机应用 , 2016(S1).

[67] Han C C, Chou C H, Wu C S. An interactive grading and learning system for chinese calligraphy[J]. Machine Vision & Applications, 2008, 19(1): 43–55.

[68] Sun R, Lian Z, Tang Y, et al. Aesthetic visual quality evaluation of Chinese handwritings[C]. In: International Conference on Artificial Intelligence.AAAI Press, 2015: 2510–2516.

[69] 姜杰，徐晖，范斯琪，等. 基于特征标记的硬笔汉字书写工整性智能测评效度研究 [J]. 电化教育研究 , 2016(6): 84–89.

[70] Microsoft. Microsoft Windows XP Tablet PC Edition Software Development Kit 1.7[CP].

[71] 张堃. 矢量笔迹混排文本的分割与识别方法研究 [D]. 中国科学院软件研究所硕士学位论文 , 2008.

[72] 梁东汉 . 汉字的结构及其流变 [M]. 上海：上海教育出版社 , 1959.

[73] 祝莲，王晨晓，贺极苍，等 . 中文字体大小、笔画数和对比度对阅读速度的影响 [J]. 眼视光学杂志 , 2008, 10(2): 96–99.

[74] Dunham M H, Sridhar S. Data Mining– Introductory and Advanced Topics[M]. Prentice Hall, 2006: 112–115.

[75] Han J, Micheline K. Data Mining: Concepts and Techniques[M]. Elsevier Inc., 2006: 1–18.

[76] Zhang X, Fu Y, Zhang K. Adaptive Correction of Errors from Recognized Chinese Ink Texts Based on Context[Z]. 2009: 314–320.

[77] A. Z, L. L, W. B, et al. Text Line Segmentation of Historical Arabic Documents[C]. In: Ninth International Conference on Document Analysis and Recognition (ICDAR 2007), 2007: 138–142.

[78] Bhaskarabhatla A S, Madhvanath S, Kumar M N S S, et al. Representation and Annotation of Online Handwritten Data[J]. IEEE, 2004.

[79] Basu S, Chaudhuri C, Kundu M, et al. Text line extraction from multi–skewed handwritten documents[J]. Pattern Recognition, 2007, 40(6): 1825–1839.

[80] Namboodiri A M, Jain A K. Document Structure and Layout Analysis[M]. Digital Document Processing: Major Directions and Recent Advances, Chaudhuri B B, London:Springer London, 2007:

29–48.

[81] Yang Li Z G H W. Structuralizing freeform notes by implicit sketch understanding[Z]. Palo Alto, California, 2002: 113–117.

[82] Bhaskarabhatla A S, Madhvanath S, Kumar M N S S, et al. Representation and annotation of online handwritten data[Z]. 2004: 136–141.

[83] Graham R L. An efficient algorithm for determining the convex hull of a finite planar set[J]. Information Processing Letters, 1972, 1(4): 73–82.

[84] 邱军. 成功之路, 顺利篇 [M]. 北京 : 北京语言大学出版社 , 2008.

[85] 徐彩华. 外国留学生汉字分解水平的发展 [J]. 世界汉语教学 , 2007(1): 16–28.

[86] 祝莲，王晨晓，贺极苍，等. 中文字体大小、笔画数和对比度对阅读速度的影响 [J]. 眼视光学杂志 , 2008(2): 96–99.

[87] Baum L E, Eagon J A. An inequality with applications to statistical estimation for probabilistic functions of Markov processes and to a model for ecology[J]. Bull.amer.math.stat, 1967, 37(3): 360–363.

[88] 李航. 统计学习方法 [M]. 北京 : 清华大学出版社 , 2012: 186–187.

[89] De Souza C R. A Tutorial on Principal Component Analysis with the Accord.NET Framework[J]. Computer Science, 2012.

[90] 华南理工大学人机智能交互实验室 . http://www.deephcr.net/zh-cn.html[EB].

[91] 搜狗输入法 . https://pinyin.sogou.com/[CP].

[92] Holland J H. Adaptation in natural and artificial systems[J]. Quarterly Review of Biology, 1975, 6(2): 126–137.

[93] G. L Z, Xiao-Xia L, T. Z. The impact of population size on the performance of GA[C]. In: 2009 International Conference on Machine Learning and Cybernetics, 2009: 1866–1870.

[94] 黄襄念，程萍，杨波，等 . 自然手写汉字预处理子系统 [J]. 重庆大学学报 (自然科学版), 2000(4): 33–37.

[95] AForge.NET Framework[Z]. http://www.aforgenet.com/aforge/framework/.

[96] 李超 . 留学生书写行为数据库建设及应用研究 [D]. 北京语言大学博士学位论文 , 2013.

[97] Wu J H, Yuan Y. Improving searching and reading performance: the effect of highlighting and text color coding[J]. Information & Management, 2003, 40(7): 617–637.

[98] 李晶，薛澄岐 . 基于视觉感知分层的数字界面颜色编码研究 [J]. 机械工程学报 , 2016(24): 201–208.

[99] 中华人民共和国国务院颁布 . 通用规范汉字表 [M]. 北京：语文出版社 , 2013: 3–113.

[100] 白浩，张习文，付永刚，等 . 数字墨水中单字提取结果的自适应可视化方法 [J]. 计算机工程与应用, 2012, 48(15): 153–158.

[101] Bai Z L, Huo Q. A study on the use of 8–directional features for online handwritten Chinese character recognition[J]. IEEE, 2005: 262–266.

[102] 邱军 . 成功之路·起步篇（第二册）[M]. 北京 : 北京语言大学出版社 , 2008.

[103] 瑞典 anoto 公司 . http://www.anoto.com.[Z].

[104] 邱军 . 成功之路·入门篇 [M]. 北京 : 北京语言大学出版社 , 2008.

[105] 邱军 . 成功之路·起步篇（第一册）[M]. 北京 : 北京语言大学出版社 , 2008.

[106] 国家汉办 . 汉语水平考试 HSK 基础大纲 (附光盘)[M]. 北京 : 商务印书馆 , 2009.